MAP

別冊付録 街歩き地図

神戸

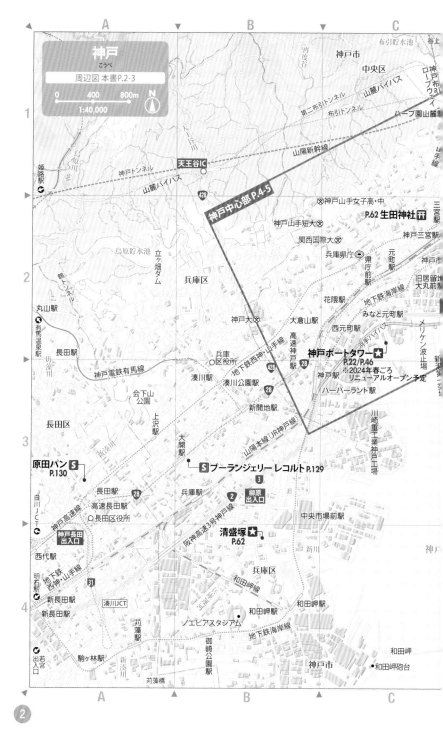

神戸
こうべ

周辺図 本書P.2-3

0　　400　　800m
1:40,000
N

布引貯水池
谷上
神戸市
中央区
神戸布引
ロープウェイ
再度谷
山麓バイパス
第二布引トンネル
布引トンネル
ハーブ園山麓駅
山陽新幹線
神戸トンネル
天王谷IC
山麓バイパス
428
神戸中心部 P.4-5
姫路駅
烏原貯水池
立ケ畑ダム
鈴蘭トンネル
兵庫区
⊗神戸山手女子高・中
P.62 生田神社
神戸山手短大⊗
関西国際大⊗
三宮駅
兵庫県庁◉
県庁前駅
神戸三宮駅
元町駅
神戸市
旧居留地
大丸前駅
丸山駅
有馬温泉駅
長田駅
神戸電鉄有馬線
神戸大⊗
大倉山駅
花隈駅
地下鉄海洋線
みなと元町駅
高速神戸駅
西元町駅
浜手バイパス
メリケン波止場
神戸港第
神戸ポートタワー★
P.22/P.46
※2024年春ごろ
リニューアルオープン予定
兵庫
区役所
湊川駅
湊川公園駅
地下鉄西神・山手線
428
28
神戸駅
ハーバーランド駅
川崎重工業神戸工場
会下山公園
上沢駅
新開地駅
長田区
新湊川
大開駅
山陽本線(JR神戸線)
⊙ブーランジェリー レコルト P.129
白川JCT
原田パン S
P.130
神戸高速線
長田駅
高速長田駅
28
○長田区役所
兵庫駅
2
柳原
出入口
3
中央市場前駅
新川
神戸長田
出入口
西代駅
阪神高速3号神戸線
清盛塚★
P.62
兵庫区
新長田駅
地下鉄西神・山手線
明石駅
31
湊川JCT
和田岬線
和田岬駅
和田岬駅
新長田駅
苅藻駅
ノエビアスタジアム
地下鉄海洋線
出若入宮
駒ヶ林駅
新湊川
御崎公園駅
苅藻橋
神戸市
和田岬
和田岬砲台

A　　　　　B　　　　　C

2

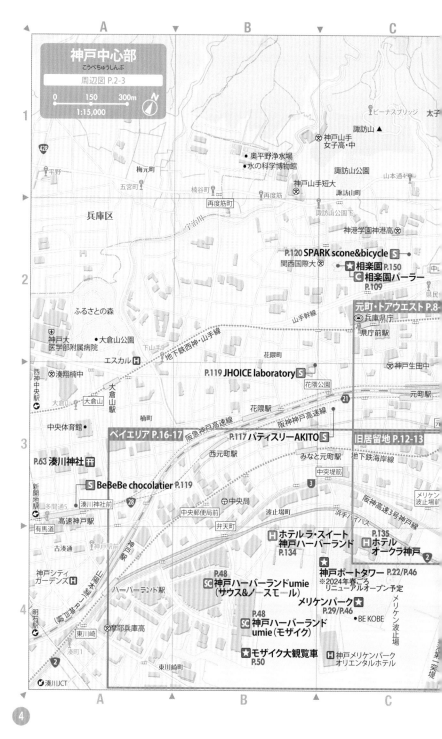

神戸中心部
こうべちゅうしんぶ
周辺図 P.2-3
0　150　300m
1:15,000

A　B　C

1

428

平野

梅元町

五宮町

兵庫区

ふるさとの森

神戸大
医学部附属病院

西中央駅

湊翔楠中

大倉山公園
エスカル H

大倉山
大倉山駅

中央体育館

楠町

ピーナスブリッジ　太子

諏訪山 ▲
神戸山手
女子高・中

奥平野浄水場
水の科学博物館

諏訪山公園

山本通4

楠谷町

再度筋町

宇治川

再度筋

再度町

神戸山手短大

諏訪山公園下

諏訪山町

神港学園神港高

P.120 SPARK scone&bicycle S
関西国際大

★相楽園 P.150
C 相楽園パーラー
P.109

県民

元町・トアウエスト P.8-

山手幹線

兵庫県庁
県庁前駅

中

山手線

地下鉄西神・山手線

下山手9

花隈町

神戸生田中

P.119 JHOICE laboratory S

花隈公園

花隈駅

元町駅

元

阪神神戸高速線

21

ベイエリア P.16-17
阪急神戸高速線

P.117 パティスリーAKITO S

西元町駅

旧居留地 P.12-13
地下鉄海岸線

P.63 湊川神社 ⛩

新開地駅

多間通5

湊川神社前

28

S BeBeBe chocolatier P.119

みなと元町駅

中突堤筋

3

メリケン
波止場前

阪神高速3号神戸線

高速神戸駅
有馬道

古湊通

湊川駅前

神戸シティ
ガーデンズ H

明石駅

東川崎

舞子兵庫高

湊町1

湊川JCT

2

中央局

中央郵便局前

波止場町

弁天町

H ホテルラ・スイート
神戸ハーバーランド
P.134

P.48
SC 神戸ハーバーランドumie
（サウス&ノースモール）

ハーバーランド駅

P.48
SC 神戸ハーバーランド
umie（モザイク）

★モザイク大観覧車
P.50

東川崎町

浜手バイパス

P.135
H ホテル
オークラ神戸
2

★神戸ポートタワー P.22/P.46
※2024年春ごろ
リニューアルオープン予定

★メリケンパーク
P.29/P.46

・BE KOBE

H 神戸メリケンパーク
オリエンタルホテル

メリケン
波止場

神戸第1突堤

4

予 P.6-7

姫路駅

神戸布引ロープウェイ

山陽新幹線

谷上駅 🚇

新神戸駅

新大阪駅

熊内6

ハーブ園山麓駅

北野町

新神戸駅

サンメンバーズ 🅷

新神戸駅出口

🛈 北野観光案内所 P.33

布引

神戸芸術センター

北野通

北野異人館

神若出口

異人通

🅷 六甲荘

葺合第二雌雄道路 布引

二宮入口

布引

本通3

大阪梅田駅

二宮町

国香通5

トアロード

山本通

30

二宮橋

山手3

北野坂

布引局

中山手通

阪神高速32号線新神戸トンネル

新生田川

大阪駅

下山手通

🅷 北上

若葉通5

🎌 生田神社 P.62

阪急神戸線

三宮 P.10-11

東海道本線(JR神戸線)

尼崎駅

🅷 ザ・ビ…

三宮駅

三ノ宮駅

三宮北

雲井通

国道2号出入口

神戸三宮駅

三ノ宮駅

東急REI

中央区役所

阪神本線

神戸三宮駅 🅷

2

新生田川

吾妻通4

三宮町

三宮

三宮東

西宮IC

留地:大丸前駅

三宮・花時計前駅

生田川出入口

京町筋

フラワーロード周辺 P.14-15

浜辺通

🅷 旧居留地38番館 P.56

神戸市役所

磯上通6

磯上公園

市民福祉交流センター前

住宅西

フラワーロード

🆂🅲 大丸神戸店 P.56

市役所前

東町

ポートライナー

🅷 サンルートソプラ

エンタルホテル P.57/P.64

市役所南

貿易センター駅

神戸港

30

東遊園地

🅷

2

海岸通

こども本の森 神戸 P.23

浜辺通4

★

税関前

貿易センタービル前

京橋出入口

話

神戸震災復興記念公園(みなとのもり公園)

ハーバーハイウェイ

住吉浜出入口

税関本庁前

第六突堤

神戸市中央区

新港町

税関前

第五突堤

港島トンネル北

新港第2突堤

第4突堤

三井楼橋(ポートターミナル)

新港第三突堤

第3堤

新港ランプ

三井倉庫

小野浜町

神戸三宮フェリーターミナル

神戸空港駅

北野
きたの

周辺図 P.4-5

0　50　100m
1:6,000

P.34/P.65 うろこの家・展望ギャラリー
P.38 ウィーン・オーストリアの家 **C**
P.36 デンマーク館 ⭐
P.36 香りの家オランダ館（旧ヴォルヒン邸） ⭐
P.42 小さなあとりえ＊蕾 **S**
天満神社 ⛩

北野町(

P.33 北野観光案内所 ℹ️
P.35 風見鶏の館 ⭐

北野異人
旧ムーア

P.35 萌黄の館 ⭐

神戸北
美術

P.37 ラインの館 **C**

姫路駅 🚉

天神谷

浄福寺 卍

神戸外国倶楽部
関西ユダヤ教団●

北野町(3)
異人館パラスティン邸

P.37 神戸トリックアート 不思議な領事館 ⭐
北野通

P.37 スターバックス コーヒー
神戸北野異人館店 **C**

P.36 英国館 ⭐
P.36 洋館長屋 ⭐

P.36 ベンの家

北野町(4)
●リンズギャラリー

ラ・メゾン・ドゥ・グラシアニ 神戸北野
山本通3 **R**

P.43 COUVENIR **S**

異人館通
●シュウエケ邸
いりえのほとり **S**
P.42

山本通(3)

山本通 **R** ダイニングイグレック P.106/P.122
P.128
山本通(2)
ル・パン神戸北野 本店 **S**

P.112 CAKE STAND **S**
北野坂

S MAISON DE
PROVANCE
P.43
山本通(1)

東天閣 **R**
神戸北野ホテル 🏨

P.93
R Cucina Siciliana VACANZA
山本通(2)

S THE CITY DONUTS
AND COFFEE
P.121

P.110 YANAGASE **N**

P.130 Ca marche **S**
S L'AVENUE P.118
S カファレル
神戸北野本店
P.116

R ナーン イン P.40
S markka P.43

P.114
S パティスリー
グレゴリー・コレ

R あぶり肉工房
和黒 北野坂本店 P.9
⊕神戸中山手局

北野工房
のまち
北野工房のまち

神戸ムスリム
モスク
R Cuisine Franco-Japonaise Matsushima P.93
R ベトナムごはん
comcoka
P.40

ヒルサイドテラス

ℙ

R レストラン＆バー
JAMAICANA P.41

中山手通(3)
中山手3

JAZZLIVE & RESTAURANT SONE **N**
P.110
北野坂
加納町

S mano P.42

中山手通(2)

R China Bistro EVOLVE P.101

NHK神戸
放送会館
●韓国領事館

P.100 施家菜 **R**
中山手1

中山手3
中山手通3

中山手通

加納町
(3)

S 紅茶専門店＆紅茶教室
Lakshimi
P.77

第一グランド 🏨
下山手通(1)

菊兆 北野坂店 **R**
P.105
中山手通
(1)

北上 🏨
P.110
N 京BAR さかい
布引町(4)

●トア山手プラザタワー
🏨 トアロード ホテル山楽

⊗生田署

S 生田の森 P.63

⛩ 生田神社 P.62

加納町(4)
🚉 三宮駅

6

天王谷IC◯ ◯ハーブ園山頂駅 谷上駅◯

32

新神戸駅

神戸トンネル 山陽新幹線

北1

加納町
(1)

新神戸駅
出口

32

ハーブ園山麓駅

北2

新布引橋 サンメンバーズ

山手八番館 P.37

★坂の上の異人館 P.36

P.123 ティーラウンジ ザ・ラウンジ S

★北野外国人倶楽部 P.37 ●北野クラブソラ

ANAクラウンプラザ神戸 H

C SOLA CAFE P.108

三宮出口

北野町(1)

神戸布引ハーブ園

南

イタリア館

ロープウェイ

布引

8尼崎

●プラトン装飾美術館 イタリア館 P.38

布引町(1)

布引橋

30 布引

北野遊歩道

北野通

神戸聖愛教会

生田川公園

神戸芸術・センター

加納町(2)

東極楽寺

加納町2

生田町(1)

生田町公園

熊内橋通(7)

加納町2

生田町(2)

神若出口

旗塚通(7)

H 六甲荘

加納町2

生田町(4)

神若橋

グリーンヒル H

地下鉄西神・山手線

S FREUNDLIEB P.126

大仙寺

生田町(3)

二宮入口

阪神高速32号新神戸トンネル

R リストランテ ドンナロイヤ P.92

布引町(2)

中央小

30

情報大学院大

二宮公園

二宮町(2)

二宮町(1)

国香通(7)

国香通(6)

加納町3

H ピエナ

布引局

二宮神社前

二宮橋

二宮橋

町3

日生住建

若菜通(6)

二宮神社

二宮町(4)

二宮町(3)

児童館・

新生田川

大阪梅田駅

二宮商店街

琴緒公園

琴ノ緒町(1)

琴ノ緒橋

大阪駅

二宮市場

琴ノ緒町(2)

琴ノ緒町(3)

阪急神戸線

旭橋

琴ノ緒町(4)

八雲通(6)

東海道本線(JR神戸線)

P.10-11

神戸三宮駅 ◯ ◯三ノ宮駅 ◯生田川出入口

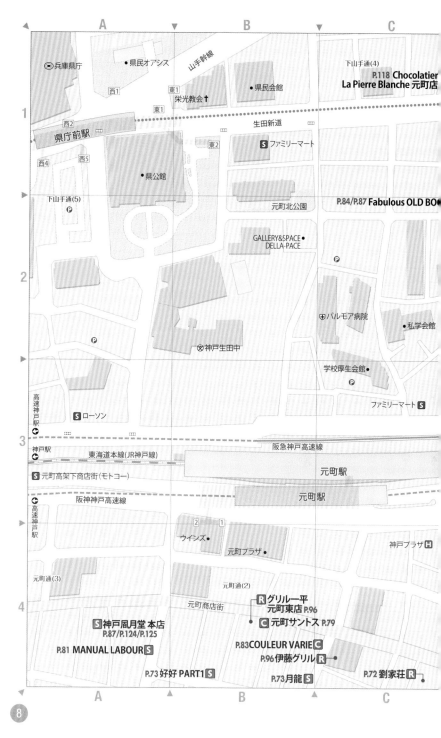

地下鉄西神・山手線

S セブンイレブン

P

S ツバクロ雑貨店 P.85

S ローソン

下山手通(2)

P

S ドン・キホーテ **H** ザ・ピー

8 日新信金

8 山口

S mi-chu. P.85

R わさびと魚 P.102

P.99 La Luna **R**

P 神戸サウナ&スパ•

S ファミリー マート

P

トアロード

S SUNDAYFISHGIRL P.86

S maxim 神戸トアロード本店 P.81

S Rollo Antiques P.86/P.87

S TOR ROAD DELICATESSEN P.130

三四公園

P.98 forum **R**

北長狭通(2)

C HANAZONO CAFE P.76

R バール アブク P.98

北長狭通(3)

P.10-11 ▶

VEGETABLE DINING 農家 P.103

松屋

P.101 香港茶楼 **R** **S** セブンイレブン

S Queen Classico 神戸本店 P.82

㉑

ピアザkobe
S

㉑

三宮町2

B7

阪神本線

センタープラザ西館 **SC**

P.101 Liang You 良友 **R**

三宮センター街

•グレース神戸

P.105 たちばな本店 **R**

S Madu 三宮店 P.84

三宮本通商店街

B6

三宮センター街

•神戸BAL

R マクドナルド

S イスズベーカリー元町店 P.128

•神戸BAL ANNEX

三宮町 (2)

R 神戸元町別館牡丹園 P.100

神戸セントモルガン教会 †

四国 ☎

S ボックサン三宮店 P.115

B5

3 4

C エビアンコーヒー P.78

H R&B

P.103 菜っぱ **R**

地下鉄海岸線

元町通1

2

旧居留地・大丸前駅

H ケーニヒスクローネ
S ケーニヒスクローネ くまポチ邸 P.117

◀ P.12-13

S Mon Loire 元町店 P.119

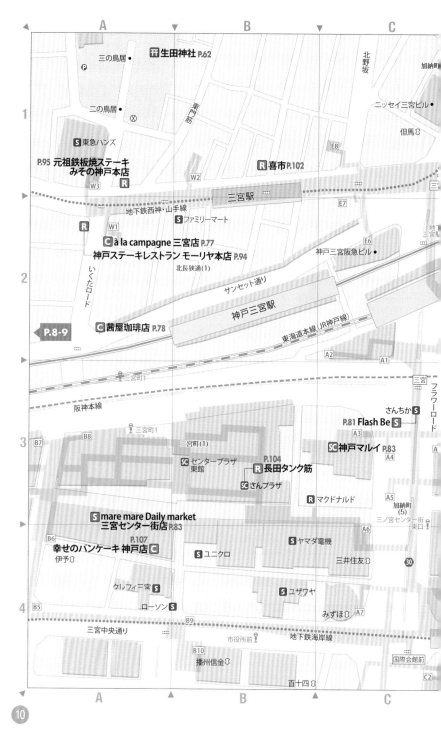

⛩ 生田神社 **P.62**

三の鳥居 •
Ⓟ
二の鳥居 •
Ⓧ

北野坂

加納町

ニッセイ三宮ビル •

但馬 🏧

Ⓢ 東急ハンズ

東門筋

E8

P.95 元祖鉄板焼ステーキ
みその神戸本店
Ⓡ

W3

Ⓡ 喜市 **P.102**

W2

三宮駅

地下鉄西神・山手線

Ⓢ ファミリーマート

E7

Ⓡ

W1

Ⓒ à la campagne 三宮店 **P.77**

E6

神戸ステーキレストラン モーリヤ本店 P.94

北長狭通(1)

いくたロード

神戸三宮阪急ビル •

サンセット通り

神戸三宮駅

Ⓒ 茜屋珈琲店 **P.78**

◀ P.8-9

東海道本線（JR神戸線）

A2

A1

三宮

三宮町1

フラワーロード

阪神本線

さんちか Ⓢ

P.81 Flash Be Ⓢ

A3

🚏 三宮町1

三宮町(1)

Ⓢ🄲 神戸マルイ **P.83**

A4

B7

B8

🅢🄲 センタープラザ
東館

P.104
Ⓡ 長田タンク筋

A5

加納町
(5)

🅢🄲 さんプラザ

Ⓡ マクドナルド

三ノ宮センター街
東口 🚏

Ⓢ mare mare Daily market
三宮センター街店 **P.83**

A6

Ⓢ ヤマダ電機

B6

P.107

幸せのパンケーキ 神戸店 Ⓒ

伊予 🏧

Ⓢ ユニクロ

三井住友 🏧

㉚

クレフィー宮 Ⓢ

Ⓢ ユザワヤ

B5

ローソン Ⓢ

みずほ 🏧

A7

B9

三宮中央通り

地下鉄海岸線

国際会館前

市役所前 🚏

B10

播州信金 🏧

C2

百十四 🏧

A   B   C

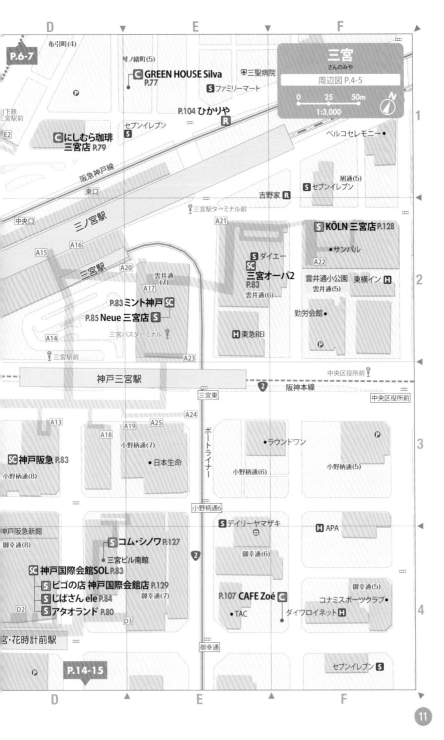

布引町(4)

P.6-7

琴ノ緒町(5)

C GREEN HOUSE Silva
P.77

✚三聖病院

S ファミリーマート

P.104 ひかりや **R**

下鉄
宮駅前
E2

セブンイレブン **S**

C にしむら珈琲
三宮店 P.79

ベルコセレモニー•

阪急神戸線

東口

吉野家 **R**

旭通(5)

S セブンイレブン

中央口

三ノ宮駅

三宮駅ターミナル前 📍

A21

S KÖLN 三宮店 P.128

A15

A16

S ダイエー

SC
三宮オーパ2
P.83

•サンバル

A22

雲井通小公園　東横イン **H**

A20

三宮駅

雲井通
(7)

A17

P.83 ミント神戸 **SC**

P.85 Neue 三宮店 **S**

A14

三宮バスターミナル 📍

📍 三宮駅前

A23

雲井通(6)

雲井通(5)

勤労会館•

H 東急REI

H 東急REI

P

神戸三宮駅

中央区役所前 📍

三宮東

② 阪神本線

中央区役所前

A13

A19　A25

A18

SC 神戸阪急 P.83

小野柄通(8)

小野柄通(7)

•日本生命

ポートライナー

•ラウンドワン

P

小野柄通(6)

小野柄通(5)

小野柄通6

S デイリーヤマザキ
〒

H APA

神戸阪急新館

御幸通(8)

S コム・シノワ P.127

•三宮ビル南館

②

御幸通(6)

SC 神戸国際会館SOL P.83

S ビゴの店 神戸国際会館店 P.129

S じばさん ele P.84

S アタオランド P.80

D2

御幸通(7)

D3

P.107 CAFE Zoé **C**

•TAC

御幸通(5)

コナミスポーツクラブ•

ダイワロイネット **H**

宮・花時計前駅

御幸通

P

P.14-15

セブンイレブン **S**

三宮
さんのみや

周辺図 P.4-5

0　25　50m
1:3,000
N

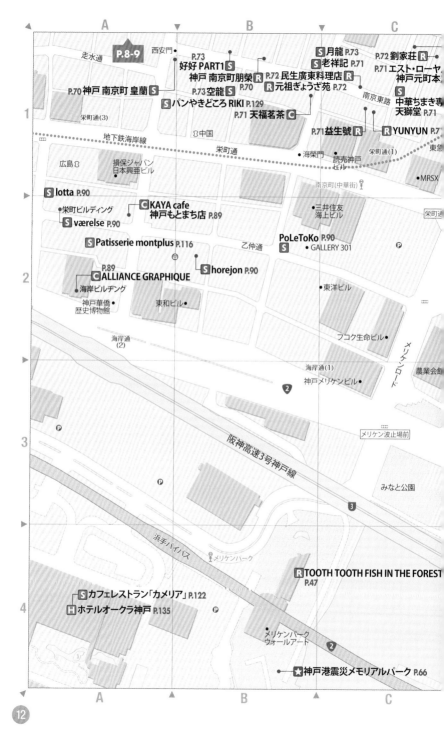

走水通

西安門

P.8-9

A

B

C

栄町通(3)

S 好好 PART1
P.73

S 神戸 南京町 皇蘭 P.70

神戸 南京町朋榮 **R** P.72 民生廣東料理店 **R**

P.73 空龍 **S** P.70

P.70 元祖ぎょうざ苑 **R** P.72

S パンやきどころ RIKI P.129

P.71 天福茗茶 **C**

S 月龍 P.73

S 老祥記 P.71

南京東路

R 劉家荘 **R**

P.72

P.71 エスト・ローヤ
神戸元町本

S

中華ちまき専
天獅堂 P.71

P.71 益生號 **R**

R YUNYUN P.7

1

栄町通

地下鉄海岸線

広島 **8**

損保ジャパン
日本興亜ビル

海榮門

読売神戸

栄町通(1)

東急

南京町(中華街)

S lotta P.90

栄町ビルディング

S værelse P.90

C KAYA cafe
神戸もとまち店 P.89

三井住友
海上ビル

S Patisserie montplus P.116

乙仲通

PoLeToKo P.90

S GALLERY 301

P.89

C ALLIANCE GRAPHIQUE

海岸ビルディング

神戸華僑
歴史博物館

東和ビル●

S horejon P.90

東洋ビル●

●MRSX

栄町通

P

2

海岸通
(2)

フコク生命ビル●

メ
リ
ケ
ン
ロ
ー
ド

海岸通(1)

神戸メリケンビル●

2

農業会館

メリケン波止場前

P

3

阪神高速3号神戸線

P

みなと公園

3

4

浜手バイパス

メリケンパーク

S カフェレストラン「カメリア」P.122

H ホテルオークラ神戸 P.135

P

R TOOTH TOOTH FISH IN THE FOREST
P.47

メリケンパーク
ウォールアート

2

●★ 神戸港震災メモリアルパーク P.66

A

B

C

元町通 旧居留地・大丸前駅

S Mon Loire
元町店
P.119

ケーニヒスクローネ **H**

S ユーハイム神戸元町本店 P.124

卍 三宮神社

S ケーニヒスクローネ
くまポチ邸 P.117

長安門

♨ 三宮神社

★ 旧居留地38番館 P.56
SC 大丸神戸店 P.56
S ベイユヴェール 大丸神戸店 P.113
C カフェラ 大丸神戸店 P.59

♨ 三菱UFJ

シネ・リーブル

P.57 神戸朝日ビルディング **★**

• 神戸旧居留地平和ビル

♨ 三菱UFJ信託

C PATISSERIE TOOTH TOOTH
サロンドテラス旧居留地38番館店 P.59
S エルメス

トラスティ **H**

播磨町

北町通

P.61 SPITIFARO KOBE **S**
西町

• 神戸御幸ビル

ビームス ハウス **S**

• THE FORTY FIFTH

P.99 Bar & Bistro 64 **R**

• デビスビル

浪花町

P.60 3 ET DEMI **S**

明海ビル•

明石町筋

♨ 三井住友

S ディーゼル
• 電電ビル

• NTT西日本
新神戸ビル

• ブロック30

• あいおいニッセイ
同和損保

播磨町筋

仲町通

H ヴィアマーレ

★ ニューラフレア P.59

ルイ・ヴィトン **S**
旧居留地25番館•

• 新明海ビル
S ANNE SLOW P.61

P.57/P.64 オリエンタルホテル **H**

★ 旧神戸居留地十五番館 P.57/P.64
R TOOTH TOOTH maison 15th P.58

⊗
日本銀行 ♨

•シップ神戸海岸ビル

★ 商船三井ビルディング P.56

京町筋

S BLUE BLUE KOBE P.61

★ 神戸市立博物館 P.66

海岸通

浪花町筋

• センチュリービル
神戸市立博物館前

P.56 神港ビルヂング **★**

デビスビル•

前町通

★ チャータードビル P.57

P.14-15

②

🅿

海岸通

第二地方合同庁舎•

京橋

NTTビル•

地方合同庁舎•

旧居留地
きゅうきょりゅうち

周辺図 P.4-5

0　25　50m
1:3,000

Ｎ

NTTドコモビル•

P.63 神戸海軍操練所跡の碑 **★**

フラワーロード周辺

ふらわーろーどしゅうへん

周辺図 P.4-5

0　25　50m
1:3,000

B10

播州信金

百十四 �

C1

三菱

明治安田
神戸

� 京都

井門ビル●

栄光ビル●

R グリル十字屋 P.97

● ストロングビル

H トラスティ
山陰合同 �

神戸ルミナス
ホテル三宮 **H**

京町筋

C3

30

市役所前

●市役所4号館

北町通

神戸市役所 ◎

C4

中央区役所 ○

C5

東町

S 3 ET DEMI P.60

●神戸
パナソニックビル

市役所2号館 ●

京町筋

●東町・江戸町ビル

KOBEどんぼ玉
ミュージアム

大神ビル●

P.30

★ 高砂ビル P.57

神戸市役所本庁舎1号館

京町

展望ロビー **★**

市役所1号館 ●

C7

神戸らんぷ ●
ミュージアム

P.109 Herb Laboratory **C**

市役所南

仲町通

C8

S ローソン

● 神戸シルク

京町筋

加納町(6)

� 日本銀行

江戸町筋

東町筋

P

P

P

伊藤町筋

東遊園地

三井生命三宮ビル

S ファミリーマート

★ 神戸ルミナリエ P.30

●兵庫
本社

伊藤町

P.12-13

●貿易ビル

前町通

フラワーロード

●日本真珠会館

S ローソ

●地方合同庁舎

海岸通

東遊園地

●創伯

14

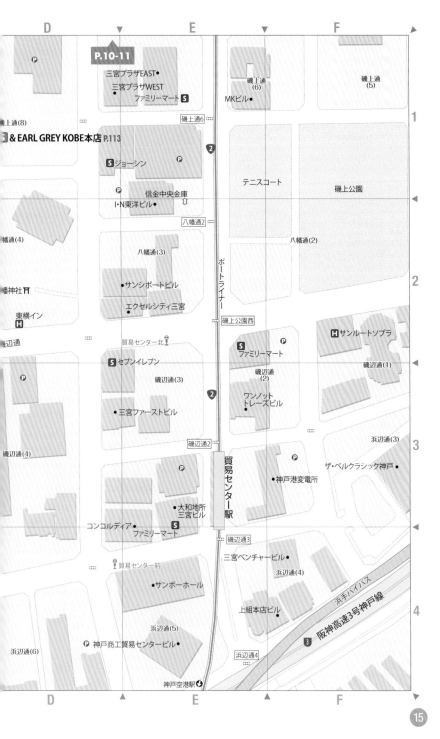

P.10-11

三宮プラザEAST●
三宮プラザWEST
ファミリーマート S
磯上通(6)
MKビル●
磯上通
(5)

磯上通(8)
磯上通6
& EARL GREY KOBE本店 P.113
S ジョーシン
P
信金中央金庫
I・N東洋ビル●
テニスコート
磯上公園

幡通(4)
八幡通2
八幡通(3)
●サンシポートビル
エクセルシティ三宮
八幡通(2)
幡神社 ⛩
東横イン H

磯辺通
貿易センター北
S セブンイレブン
磯辺通(3)
●三宮ファーストビル
磯上公園西
S
ファミリーマート
磯辺通
(2)
ワンノット
トレーズビル
サンルートソプラ H
磯辺通(1)

磯辺通(4)
磯辺通2
P
大和地所
三宮ビル
S
コンコルディア●
ファミリーマート
貿易
センター
駅
P
●神戸港変電所
浜辺通(3)
ザ・ベルクラシック神戸 ●

磯辺通3
貿易センター前
●サンボーホール
三宮ベンチャービル●
浜辺通(4)
上組本店ビル●
浜手バイパス

浜辺通(5)
P 神戸商工貿易センタービル●
浜辺通(6)
浜辺通4
阪神高速3号神戸線
3

神戸空港駅 ♿

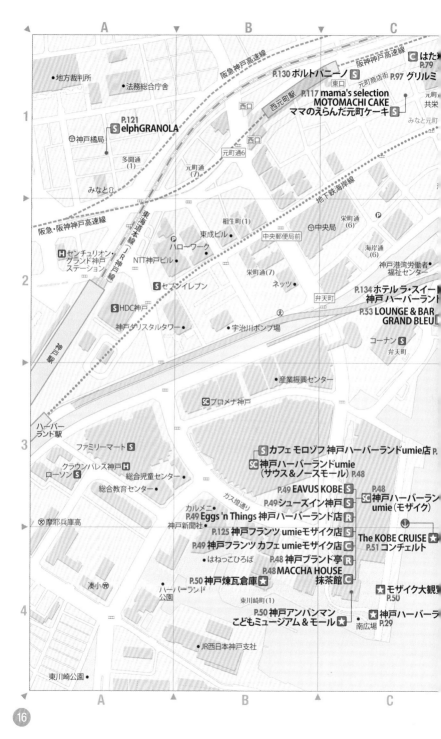

A / **B** / **C**

阪急神戸高速線

P.130 ポルトバニーノ S

阪神神戸高速線

C はた米
P.79

P.97 グリルミ

東口 元町商店街

西元町駅

西口 西元町通

P.117 mama's selection
MOTOMACHI CAKE
ママのえらんだ元町ケーキ S

元町
共栄

みなと元町

●地方裁判所　●法務総合庁舎

P.121
S elphGRANOLA

⊕神戸橘局

多聞通
(1)

みなと○

西口

元町通6

元町通
(7)

地下鉄海岸線

栄町通
(6)

⊕中央局

P 中央局

海岸通
(6)

神戸港湾労働者●
福祉センター

相生町(1)

東成ビル●

P ハローワーク

NTT神戸ビル●

中央郵便局前

阪急・阪神神戸高速線

東海道本線・JR神戸線

H センチュリオン・
グランド神戸
ステーション

S セブンイレブン

S HDC神戸

神戸クリスタルタワー●

栄町通(7)

ネッツ●

弁天町

⊛

●宇治川ポンプ場

P.134 ホテルラ・スイー
神戸ハーバーランド

P.53 LOUNGE & BAR
GRAND BLEU

コーナン S
弁天町

●産業振興センター

SC プロメナ神戸

ハーバー
ランド駅

ファミリーマート S

クラウンパレス神戸 H

ローソン S

総合児童センター●

総合教育センター●

⊗摩耶兵庫高

ガス燈通り

カルメニ●

神戸新聞社●

●はねっこひろば

ハーバーランド
公園

湊小⑨

S カフェ モロゾフ 神戸ハーバーランドumie店 P.

SC 神戸ハーバーランドumie
（サウス＆ノースモール）P.48

P.49 EAVUS KOBE S

P.49 シューズイン神戸 S

P.49 Eggs 'n Things 神戸ハーバーランド店 R

P.125 神戸フランツ umieモザイク店 S

P.49 神戸フランツ カフェ umieモザイク店 C

P.48 神戸ブランド亭 R

P.48 MACCHA HOUSE

抹茶館 C

P.50 神戸煉瓦倉庫 ★

P.48
SC 神戸ハーバーラン
umie（モザイク）

The KOBE CRUISE ★
P.51 コンチェルト

★モザイク大観覧
P.50

東川崎町(1)

P.50 神戸アンパンマン
こどもミュージアム＆モール ★

●JR西日本神戸支社

南広場

●神戸ハーバーラ
P.29

東川崎公園●

うべまちづくり会館
EMPARTIRVALOR
5
栄町通(4) 毎日新聞●
ビル
S ローソン
P.129
S Boulangerie la lune
栄町通(3)
栄町通
2

南京西路
南京東路
栄町通(1)
●海榮門
栄町通1
H 東急REI

●みなと元町駅
栄町通4

乙仲通
●ポートセンター街園
中突堤筋

海岸ビルヂング
●
●神戸華僑
歴史博物館

栄町通1
メリケンロード
西町 **P**

西
海岸通
ポートタワー **H**

兵庫国道事務所●

東洋ビル●
海岸通(1)

海岸通
(2)
神戸メリケンビル●

農業会館●新明海●
ビル
シップ神戸海岸ビル●

鯉川
2

P
3
メリケン波止場前

2

阪神高速3号神戸線

浜手バイパス

P

♟メリケンパーク

2

P.51
★神戸リゾートクルーズ boh boh KOBE
★神戸港周遊 ロイヤルプリンセス P.51
⚓中突堤中央ターミナル

H ホテルオークラ神戸
P.135

P.22/P.46
神戸ポートタワー★
※2024年春ごろ
リニューアルオープン予定

旧居留地 P.12-13

P.66
★神戸港震災
メモリアルパーク

★神戸海洋博物館・カワサキワールド
P.47

中
突
堤

P
♟中突堤
P

★メリケンパーク P.29/P.46

神戸港

S スターバックスコーヒー

メリケン波止場

●BE KOBE

H 神戸メリケンパークオリエンタルホテル

中突堤旅客ターミナル ⚓
N VIEW BAR P.52
R ステーキハウス オリエンタル P.94

ベイエリア
べいえりあ

周辺図 P.4-5

0　50　100m
1:6,000
N

17

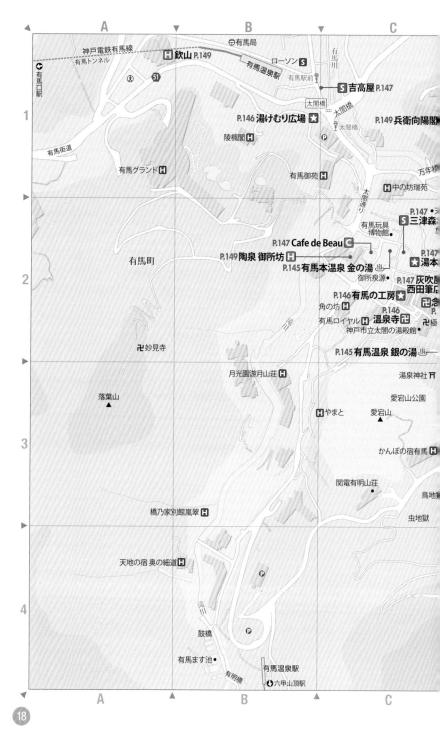

神戸電鉄有馬線

H 欽山 P.149

有馬口駅
有馬トンネル

有馬温泉駅

有馬局
ローソン **S**

有馬川

有馬駅前

S 吉高屋 P.147

太閤橋

P.146 湯けむり広場 ★

P.149 兵衛向陽閣

陵楓閣 **H**

有馬街道

有馬グランド **H**

有馬御苑 **H**

太閤通り

H 中の坊瑞苑

万年橋

有馬町

有馬玩具博物館

S 三津森

P.147

P.147 Cafe de Beau **C**

P.149 陶泉 御所坊 **H**

P.145 有馬本泉 金の湯

御所泉源

★ 湯本

P.147 灰吹屋
西田筆店

P.147

P.146 有馬の工房 ★

角の坊 **H**

P.146

有馬ロイヤル **H** 温泉寺 卍

神戸市立太閤の湯殿館

卍念

卍極

P.145 有馬温泉 銀の湯

卍妙見寺

月光園游月山荘 **H**

湯泉神社 **H**

落葉山 ▲

H やまと

愛宕山公園

愛宕山 ▲

かんぽの宿有馬 **H**

関電有明山荘

鳥地獄

橋乃家別館嵐翠 **H**

虫地獄

天地の宿 奥の細道 **H**

滝川

P

鼓橋

P

有馬ます池

有馬温泉駅

有馬橋

有明橋

C 六甲山頂駅

D　▼　E　▼　F　▶

H 古泉閣

切手文化博物館 •

H 有馬きらり　P

♨ 有馬温泉 太閤の湯 P.145

石倉公園

宝泉寺 卍

荘華野

小都里 H　杖捨橋

H メープル有馬

H 有馬温泉ソサエティ

卍 林渓寺

花結び H

H 瑞宝園

H ザグランリゾート

ゲンロート

H 竹取亭円山 P.148

瑞宝寺配水池

• 炭酸泉源公園

H プリンセス有馬

★ 瑞宝寺公園
P.146

急ハーヴェスト

有馬稲荷神社

地獄谷

芦有ドライブウェイ

芦屋

1

2

3

4

有馬温泉
ありまおんせん

周辺図 本書P.2-3

0　50　100m
1:6,000
N

D　▲　E　▲　F　▶

19

とりはずして使える

MAP

付録 街歩き地図

神戸

おとな旅
プレミアム
PREMIUM

JN027093

切り取り線

TAC出版
TAC PUBLISHING Gr

神戸

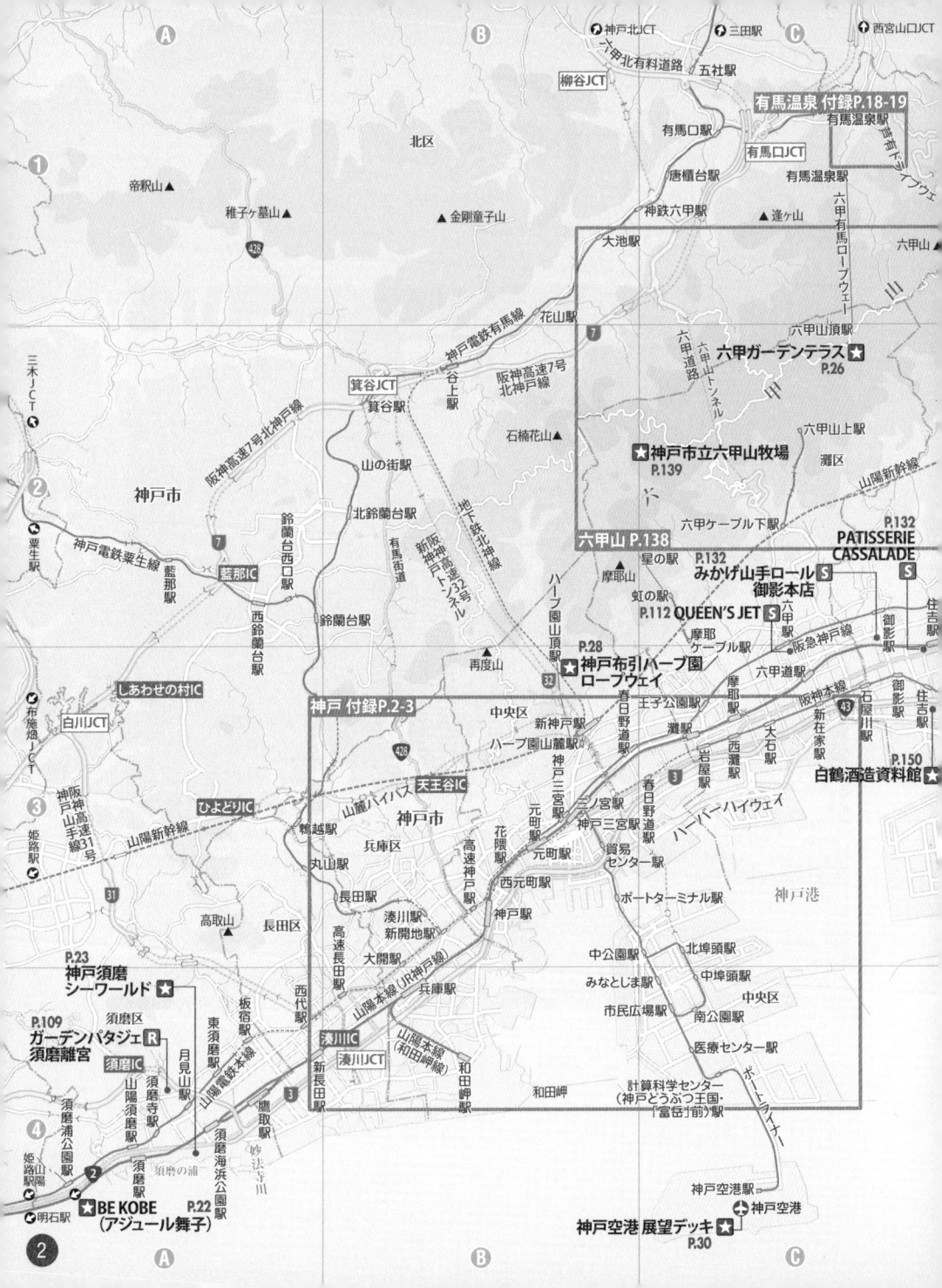

神戸北JCT　🚗三田駅　🚗西宮山口JCT

六甲北有料道路　五社駅　Ｃ

柳谷JCT

有馬温泉 付録P.18-19

有馬口駅　有馬温泉駅

有馬口JCT

🚗三田駅

北区

神鉄六甲駅　逢ヶ山▲　有馬温泉駅

帝釈山▲

稚子ヶ墓山▲　金剛童子山▲

大池駅　六甲有馬ロープウェー

六甲山

❶

六甲山頂駅

六甲ガーデンテラス ★ P.26

花山駅

箕谷JCT　阪神高速7号北神戸線

箕谷駅　谷上駅

石楠花山▲

六甲山上駅

灘区

神戸市立六甲山牧場 ★ P.139

山陽新幹線

三木JCT

❷

神戸市

神戸電鉄粟生線

粟生駅

山の街駅

北鈴蘭台駅

藍那IC　鈴蘭台西口駅

鈴蘭台駅

有馬街道

地下鉄北神線

新神戸トンネル

六甲山 P.138

六甲ケーブル下駅

P.132 PATISSERIE CASSALADE

星の駅 P.132

摩耶山　みかげ山手ロール 御影本店

虹の駅　六甲駅

P.112 QUEEN'S JET S

御影駅　住吉駅

ハーブ園山頂駅

再度山▲

P.28

神戸布引ハーブ園／ロープウェイ

摩耶ケーブル駅

阪急神戸線

六甲道駅

阪神本線

石屋川駅　住吉駅

P.150

白鶴酒造資料館 ★

布施畑JCT

神阪神山手線31号

しあわせの村IC

白川JCT

ひよどりIC

山陽新幹線

神戸 付録P.2-3

ハーブ園山麓駅

新神戸駅

神戸三宮駅

中央区

王子公園駅　灘駅　西灘駅　大石駅

春日野道駅　岩屋駅

ハーバーハイウェイ

❸

姫路駅

山陽新幹線

天王谷IC

神戸市

山麓バイパス

鵯越駅

丸山駅

兵庫区

高取山▲

長田駅

長田区

高速神戸線

神戸駅

花隈駅　元町駅

三ノ宮駅　神戸三宮駅

元町駅

西元町駅

貿易センター駅

ポートターミナル駅

神戸港

P.23

神戸須磨シーワールド ★

須磨区

湊川駅

新開地駅

大開駅

湊川IC

山陽本線（JR神戸線）

兵庫駅

中公園駅

みなとじま駅

北埠頭駅

中埠頭駅

中央駅

P.109

ガーデンパタジェ 須磨離宮 R

須磨IC

東須磨駅

月見山駅

板宿駅

湊川IC

山陽本線（和田岬線）

新長田駅

和田岬駅

和田岬

南公園駅

市民広場駅

医療センター駅

計算科学センター（神戸どうぶつ王国・「富岳」前）駅

❹

姫路山陽

須磨浦公園駅

須磨寺駅

山陽須磨駅

須磨駅

須磨海浜公園駅

鷹取駅

妙法寺川

新長田駅

高速長田駅

高速神戸線

神戸空港 展望デッキ ★ P.30

ポートライナー

神戸空港駅

神戸空港

明石駅

★ BE KOBE P.22（アジュール舞子）

須磨の浦

❷

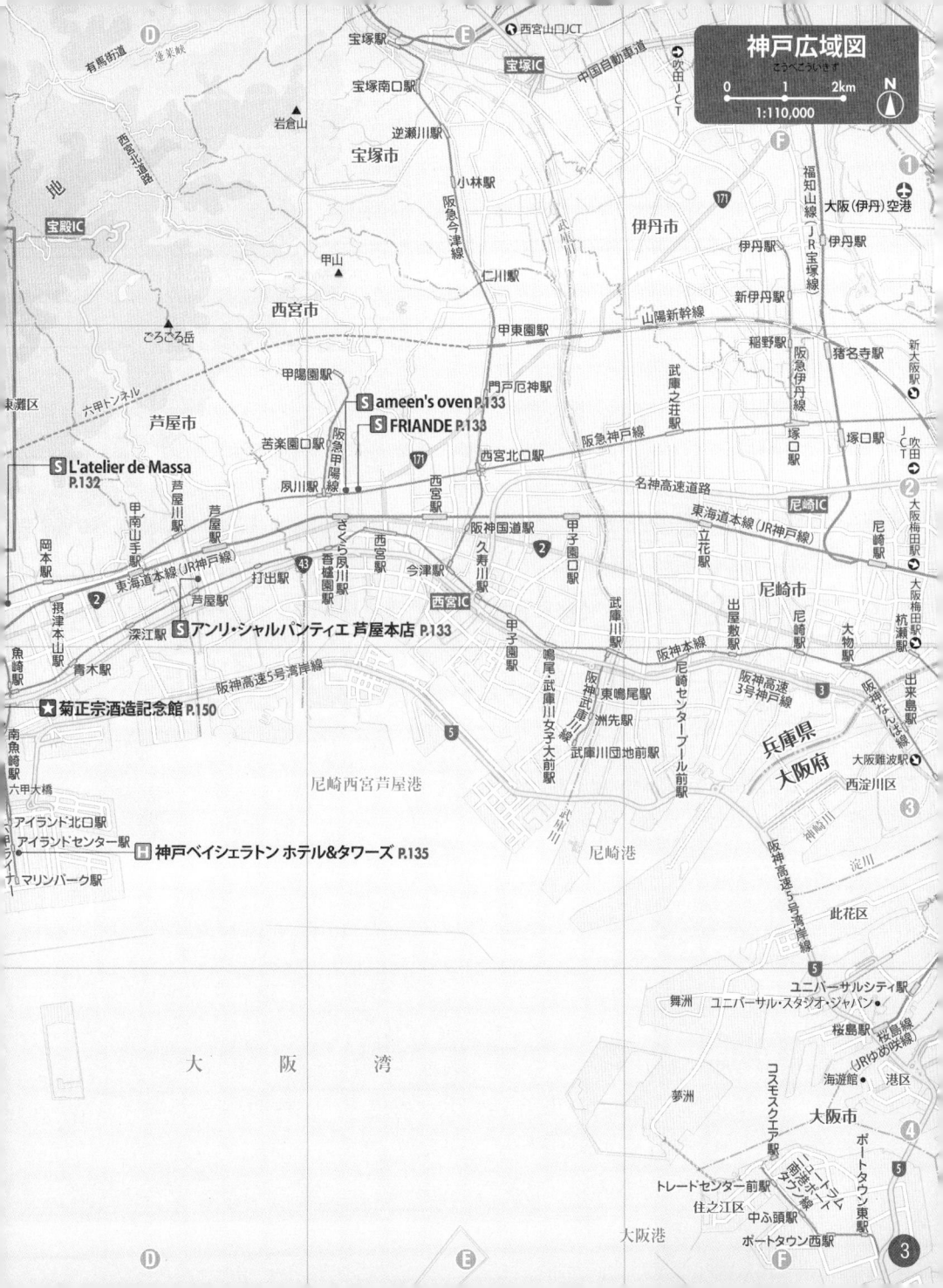

あなただけの
プレミアムな
おとな旅へ！
ようこそ！

SIGHTSEEING

神戸ポート
タワーは港町を
象徴する街の
ランドマーク

◀ メリケンパーク ▶ ➡ P.46

KOBE

神戸への旅

異人さん文化が街に薫る
甘い情感に包まれた港町

洋館が立ち並ぶ北野から、長い
坂道をゆっくりと下り、ベイエリ
アへ向かう。神戸中心部の喧騒
を抜けると旧居留地。イギリス
人が設計した西洋的な街並み
が美しい。異国情緒豊かでハイ
センスな神戸の街並みのベー
スができたのは明治初期のこと
だ。幕末、長年続いた鎖国政策
が終わり神戸港が開かれると、
外国人居留地が設けられ、同時
に海外の文化、生活様式が持ち
込まれて定着していった。異国
の薫りは今や神戸らしさとして
受け継がれている。

北野の街を象徴する
風見鶏の館から
神戸の海側を一望する

SHOP

カラフルで
キュートな
雑貨店が並ぶ
栄町通を散策

værelse ➡ P.90

GOURMET

フレッシュな
イチゴのパフェは
SNS映え抜群の
人気メニュー

HANAZONO CAFE
➡ P.76

SWEETS

定番の
ロールケーキや
季節のフルーツ
ゼリーが並ぶ

神戸布引ハーブ園の
ロープウェイから美しい
花壇の丘を眺める

みかげ山手ロール 御影本店
➡ P.132

SIGHTSEEING

日本の三大
中華街として
多くの店が並ぶ
南京町

南京町 ➡ P.68

旧居留地の歴史ある
西洋建築先にはおしゃれな
カフェやショップが集まる

白亜の洋館建築が残る
ハイカラな街を歩く

ロマンティックな
港の夜景に胸がときめく

神戸ハーバーランドの
きらめく夜景を眺めながら
気持ちよい夕暮れ散歩

GOURMET

中国料理に
和と洋をミックス
した創作料理が
味わえる

SHOP

地元で人気の
パン屋巡り。焼き
たてのパンに
出会うことも

《China Bistro EVOLVE》
→P.101

《コム・シノワ》 →P.127

のどかな神戸市立六甲山
牧場では羊やヤギが迎えてくれる

さわやかな六甲の大自然に
包まれて癒やしの時間を

CONTENTS

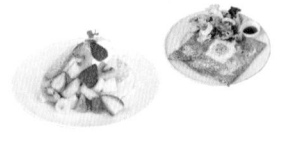

特集

さんざめく港町神戸 夜景絵巻
山で、海で、街で
夜の絶景を見る ･･････････････ 24

歩く・観る

食べる

神戸ごはん

スイーツ&パン

スイーツ

パン

泊まる

六甲山・有馬温泉

アクセスと市内交通

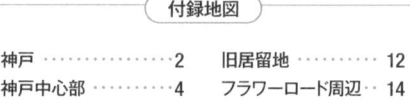

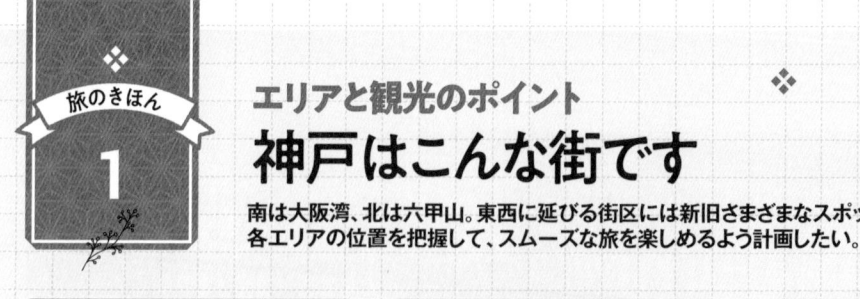

旅のきほん 1

エリアと観光のポイント
神戸はこんな街です

南は大阪湾、北は六甲山。東西に延びる街区には新旧さまざまなスポットが点在。
各エリアの位置を把握して、スムーズな旅を楽しめるよう計画したい。

屋台からの元気な呼び声に立ち止まる
南京町 ➡P.68
なんきんまち

日本三大中華街のひとつとされる、活気あふれる賑やかなエリア。本場の味わいが楽しめる中国料理や、食べ歩きができる点心などフードが充実。

観光のポイント 本格食材を使った料理店や、種類豊富な食べ歩きフードを満喫

神戸の流行最先端を集約した中心街
三宮・元町 ➡P.74
さんのみや・もとまち

交通の中心である三宮・元町エリア。大型ショッピングビルに話題のショップが入る三宮と、レトロな商店街に人気の店が集まる元町、どちらも大注目スポット。

観光のポイント おしゃれの街・神戸が誇る繁華街で最新ファッションを先取りしたい

山側、海側って何?
神戸ではJRを境に、北が山側、南が海側と呼ばれる。駅構内やデパートの表示でも使われているので、覚えておきたい。なお、現地での案内地図などは、地形に合わせて方角がやや傾けられていることが多い。スマートフォンなどの地図を併用する際は気をつけたい。

リノベーション地区で隠れた名店探し
栄町通・海岸通 ➡P.88
さかえまちどおり・かいがんどおり

神戸港近くの、おしゃれ雑貨店が集まるエリア。レトロなビルが並ぶ懐かしい雰囲気の通りを気ままに散策すれば、素敵な雑貨と巡り会える。

観光のポイント 隠れ家のような雑貨店やカフェで私だけのお気に入りを見つける

潮風を感じながらショッピング
ベイエリア ➡P.44

美しい海が一面に広がる爽やかなベイエリア。緑豊かなメリケンパークは、神戸のシンボルである神戸ポートタワーや個性的なオブジェが並ぶ。ハーバーランドには大型ショッピングモールumieがあり、流行最前線のショップが入る。

観光のポイント ショッピングや夜景など、神戸らしさが一日中楽しめる

街のランドマークともいえる神戸ポートタワー

12

坂を上れば洋館がたたずむ代表的な観光地

北野
きたの ➡ P.32

ノスタルジックな洋館が建つ、異国情緒あふれる北野エリア。それぞれの異人館は個性的な建築様式で国の指定文化財になるなど、美しく優雅なスポット。

観光のポイント 神戸開港の時代を思わせる、個性的な異人館をゆっくりと巡る

まるでヨーロッパを感じさせる建築

旧居留地
きゅうきょりゅうち ➡ P.54

開港と同時に訪れた外国人たちが住んだ、レトロで優美なビルが並ぶエリア。その面影を残しつつ、高級ブランド店など洗練された店が多く軒を連ねる。

観光のポイント レトロビルは独特な装飾や雰囲気が人気の写真スポット

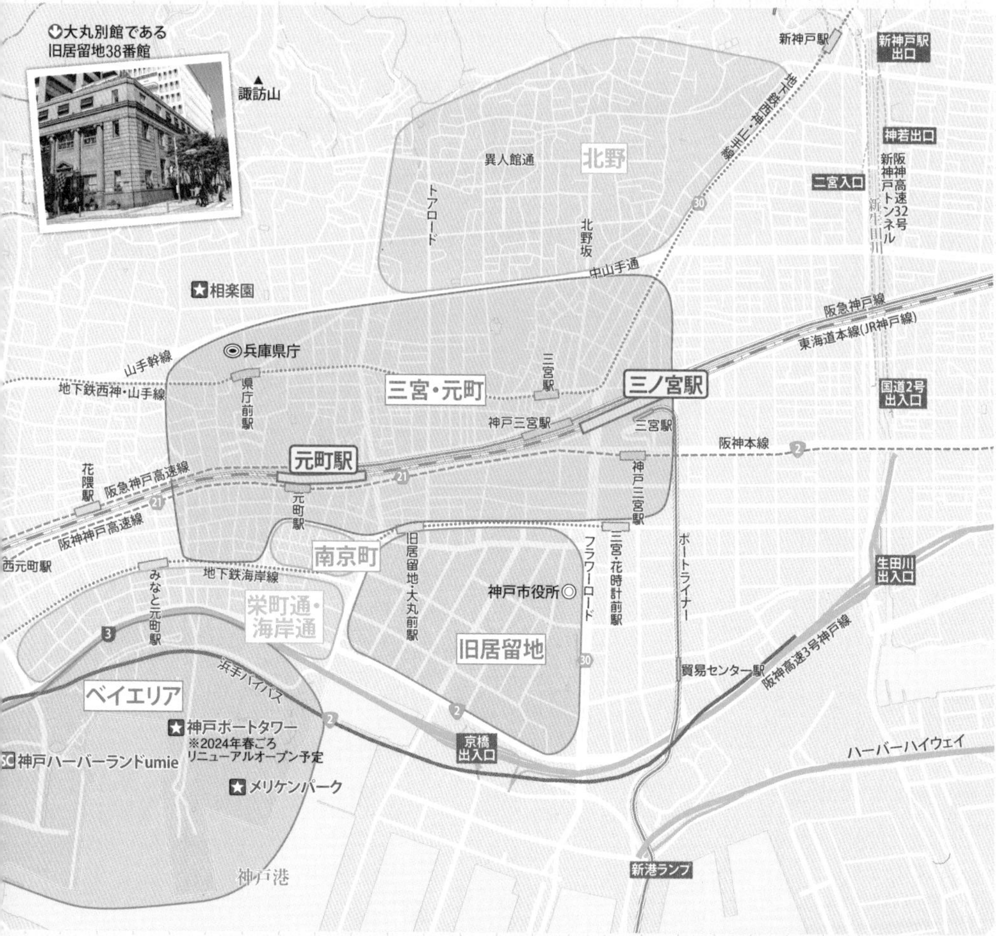

📷 大丸別館である
旧居留地38番館

諏訪山

北野
異人館通
トアロード
北野坂
中山手通

■相楽園

◎兵庫県庁
山手幹線
地下鉄西神・山手線
県庁前駅

三宮・元町
三宮駅
■三ノ宮駅

東海道本線（JR神戸線）
阪急神戸線

新神戸駅
新神戸駅出口
神若出口
新阪神神戸高速神戸トンネル32号
二宮入口

国道2号出入口

花隈駅
阪急神戸高速線
元町駅
阪神神戸高速線
神戸三宮駅
三宮駅
阪神本線

西元町駅
南京町
地下鉄海岸線
旧居留地・大丸前駅
神戸市役所◎
三宮花時計前駅
フラワーロード

みなと元町駅
栄町通・海岸通
旧居留地
ポートライナー

浜手バイパス
ベイエリア
★神戸ポートタワー
※2024年春ごろ
リニューアルオープン予定
🚇神戸ハーバーランドumie
★メリケンパーク

貿易センター駅
阪神高速3号神戸線

生田川出入口

京橋出入口

神戸港
新港ランプ
ハーバーハイウェイ

街歩きはループバスと徒歩で
神戸の街を移動する

いちばん遠い北野からベイエリアでも、徒歩で1時間かからない距離にある。基本は徒歩でよいが、疲れたらバスなどの補助手段を活用したい。

神戸の街歩きでは、各エリア間が近いので、鉄道や地下鉄を活用する機会は少ない。鉄道を利用するために駅まで歩いた分、かえって歩行距離や所要時間が増えてしまうことも。JRの駅やバス停を起点にして、次の目的エリアへ近づくようなルートをとれば、効率よくまわっていけるはず。

歩くにはきつい距離の移動には、観光地を巡る循環バス、シティーループバスやタクシーなどを利用しよう。特に山側の北野は鉄道ではうまくアクセスできないうえに、坂道を上る必要がある。シティーループバスなどで北野異人館まで行き、徒歩で坂を下りながら観光するのがおすすめ。

徒歩

歩きやすい靴で出かけよう

どうしても徒歩での街歩きがメインになるので、履き慣れた歩きやすい靴は必須。特に坂道が多い山側ではご用心。メリケンパークなど海沿いは海風で冷えるので、羽織り物を用意しておくと安心。

シティーループバス

バスの進行方向は要確認

シティーループバスは、一方向のみの循環なので、逆方向に行かないように、バス停では行き先をよく確認したい。また、混雑時には乗車できなかったり、渋滞で遅れることもあるので、移動時間に余裕をみておこう。なお、1日乗車券は提示すれば各施設で入場券が割引になる。北野への往復と異人館をいくつかまわるだけでも十分元が取れる。

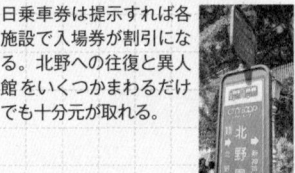

おすすめアクセス方法早見表

目的地／出発地	北野	三宮駅周辺	旧居留地	南京町	栄町通・海岸通	ベイエリア（ハーバーランド）
北野		徒歩15分 風情ある街並みを見ながら坂を下ろう	シティーループバス 21分 (北野異人館➡元町商店街) 距離があるのでバスを利用	シティーループバス 21分 (北野異人館➡元町商店街) 距離があるのでバスを利用	シティーループバス 41分 (北野異人館➡みなと元町駅前) 距離があるのでバスを利用	シティーループバス 38分 (北野異人館➡ハーバーランド) 距離があるのでバスを利用
三宮駅周辺	シティーループバス 15分 (地下鉄三宮駅前➡北野異人館) 歩ける範囲だが上り坂をバスで回避		徒歩5分 フラワーロードを海側へ進めばすぐに到達	徒歩10分 シティーループバス 6分 (地下鉄三宮駅前➡元町商店街)	シティーループバス 27分 (地下鉄三宮駅前➡みなと元町駅前) 歩いても時間はそれほど変わらない	シティーループバス 24分 (地下鉄三宮駅前➡ハーバーランド) JRや地下鉄で移動してもよい
旧居留地	シティーループバス 21分 (旧居留地➡北野異人館) 距離があるのでバスを利用	徒歩5分 フラワーロードを山側に進めばすぐに到達		徒歩すぐ 大丸の向かいに南京町の門がある	徒歩すぐ 旧居留地の南端が海岸通	シティーループバス 21分 (市役所前➡ハーバーランド) 徒歩でもメリケンパーク経由で15分
南京町	シティーループバス 24分 (南京町➡北野異人館) 距離があるのでバスを利用	徒歩10分 シティーループバス 9分 (南京町➡地下鉄三宮駅前) 高架下か商店街を歩く	徒歩すぐ 長安門から出れば道の向かいに大丸が		徒歩すぐ 南京町の南に広がっているエリア	シティーループバス 19分 (元町商店街➡ハーバーランド) 腹ごなしがてら歩いてもよい距離
栄町通・海岸通	シティーループバス 27分 (みなと元町駅前➡北野異人館) 距離があるのでバスを利用	シティーループバス 12分 (みなと元町駅前➡地下鉄三宮駅前) 南京町や旧居留地を挟むのがおすすめ	徒歩すぐ 東側に進むと旧居留地へたどり着く	徒歩すぐ エリアを北東側へ抜ければ南京町は目の前		徒歩3分 西に進むようなルートをとれば効率が良い
ベイエリア（ハーバーランド）	シティーループバス 30分 (ハーバーランド➡北野異人館) 距離があるのでバスを利用	シティーループ9分 (ハーバーランド➡地下鉄三宮駅前) JRや地下鉄で移動してもよい	シティーループ8分 (ハーバーランド➡旧居留地) 徒歩でもメリケンパーク経由で15分	シティーループ8分 (ハーバーランド➡南京町) JRや地下鉄で移動してもよい	徒歩3分 umieを山側へ抜ければすぐ	

① かもめりあ（神戸港観光船のりば）
② ハーバーランド（モザイク前）
③ みなと元町駅前
④ 南京町（中華街）
⑤ 旧居留地（市立博物館）
⑥ 三宮センター街東口
⑦ 地下鉄三宮駅前（北行）
⑧ 北野工房のまち（トアロード）
⑱ 京町筋

シティーループ バス ルート案内

循環

⑰ ポートタワー前
⑯ メリケンパーク
⑮ 元町商店街（南京町前）
⑭ 市役所前
⑬ 地下鉄三宮駅前（南行）
⑫ 新神戸駅前（1F）
⑪ 神戸布引ハーブ園ロープウェイ
⑩ 北野異人館
⑨ 北野坂

そのほかの移動手段

タクシーやレンタサイクルも活用

　適当なシティーループバスのルートがない場合や、運行が終わった夜は、タクシーを利用しよう。どこに行くにもそれほど遠くないので、グループならほかの移動手段の運賃ともさほど変わらない。
　市内なら、コミュニティサイクル「こうべリンクル」を利用するのもおもしろい。すべて電動自転車なので、北野の坂道も楽に巡ることができる。神戸中心部の19カ所にあるポートのどこでも返却できるので、自由にプランを立てやすい。

こうべリンクルの主なポート
●ハーバーランド
●メリケンパーク
●三宮駅前
●元町駅前
●北野工房のまち
●兵庫県立美術館前

神戸トラベルカレンダー

旅を彩る祭りやイベントスケジュールを知っておこう。

国際色豊かなイベントや、季節ごとの街の表情は、思い出に残る上質な
旅のエッセンスとなる。六甲颪（ろっこうおろし）が特徴の気候も確認しておこう。

1月	**2月**	**3月**	**4月**	**5月**	**6月**
新年のスタートは歴史ある生田神社で初詣。	旧正月には南京町がより賑やかに。	摩耶山のケーブル下では桜の開花が始まる。	街のあちこちで花の便りが届く港町の春。	日中は暖かく中心街のイベントも盛り上がる。	雨の季節、六甲山系の自然が潤いをみせる。

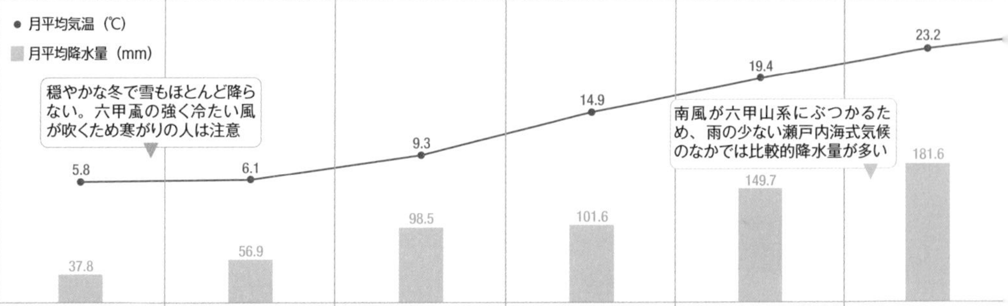

- 月平均気温（℃）
- 月平均降水量（mm）

穏やかな冬で雪もほとんど降らない。六甲颪の強く冷たい風が吹くため寒がりの人は注意

南風が六甲山系にぶつかるため、雨の少ない瀬戸内海式気候のなかでは比較的降水量が多い

気温: 5.8 / 6.1 / 9.3 / 14.9 / 19.4 / 23.2

降水量: 37.8 / 56.9 / 98.5 / 101.6 / 149.7 / 181.6

1日
歳旦祭（生田神社）
毎年、約100万人もの参拝者が初詣に訪れる。稚日女尊（わかひるめのみこと）が祀られ、縁結びや商売繁盛にご利益がある。

2日
有馬温泉入初式
江戸時代から続く「神戸市地域無形民俗文化財」にも認定された伝統行事。有馬温泉を再興した僧・仁西に温泉の繁栄を祈念する。

3日
節分祭（生田神社）
節分祭では、福豆をまく節分祭豆撒神事が行われる。毎年ご奉仕には著名人が訪れ、参拝者も1500人を超える。

1月下旬〜2月上旬
春節祭（南京町）
南京町の一帯で行われる旧正月を祝う南京町最大の祭り。京劇衣装のパレードや獅子舞などのステージイベントが催される。

下旬〜4月中旬
スプリングバンケット（六甲山牧場）
春に生まれたばかりのかわいい子羊のお披露目や、羊の一斉毛刈りなど牧場ならではのイベントが開催される。

ゴールデンウィーク
インフォラータこうべ（北野坂）
イタリアの祝日の習慣をもとに始まった、道路や広場に花で絵を描くイベント。地域住民や観光客が協力してできる美しい花絵は北野の春の風物詩となっている。

5月
神戸まつり（三宮、ハーバーランド周辺など）
さまざまなエリアで同時に開催されるイベント。ダンスパフォーマンスステージや、屋台が立ち並ぶグルメエリアなど、中心街がより賑わう。

5月中旬〜7月上旬
Lavender & Rose Fair（神戸布引ハーブ園／ロープウェイ）
ハーブガーデンが最盛期を迎える。ラベンダーの鮮やかな紫の花、ローズの赤やピンクの花が咲き誇り、上品な香りが広がる。

↑南京町の春節祭

↑スプリングバンケット

↑Lavender & Rose Fair

⤴ 桜のトンネル（神戸市灘区）

⤴ 神戸まつり

⤴ インフォラータこうべ

⤴ 有馬大茶会

7月	**8**月	**9**月	**10**月	**11**月	**12**月
地域の催しで老若男女が盛り上がる夏。	爽やかな港の風を感じながらの納涼イベント。	残暑を吹き飛ばす活気とエネルギー。	街の随所で素敵なジャズの音色が聴こえだす。	紅葉とイルミネーションが美しい冬の神戸。	港町のクリスマスはまるで海外を訪れたよう。

26.8　28.3　25.2　19.3　13.9　8.7

海風が吹くため、夕方以降は比較的過ごしやすい。六甲山など山間部の夜は冷え込む

六甲山の山並みが紅葉で鮮やかに色づいていく

152.1　90.9　144.6　98.3　63.4　40.9

下旬
元町夜市
（神戸元町商店街）
2024年で150年を迎える歴史ある神戸元町商店街。1.2kmにわたり、商店主による夜店が並ぶ。国演奏や催しもある。

下旬
こうべ海の盆踊り
（メリケンパーク）
関西最大級ともいわれる盆踊り。巨大なやぐらや生唄、生演奏にのせて大きな輪をつくる。国際色豊かな屋台も楽しい。

9月中旬～10月上旬
中秋節 （南京町）
旧暦の8月15日の十五夜に、中秋の名月を愛で、秋の収穫を祝う。中国伝統芸能のステージが開催される。

初旬
神戸ジャズ
ストリート
（北野周辺のホールなど約10会場）
北野を中心に開催されるジャズイベント。パレードやステージで、プロ、アマチュアが一緒になって自由にスイング。世界各地から実力派のミュージシャンが集まる。

2・3日
有馬大茶会
（有馬温泉）
太閤秀吉は有馬滞在の際、千利休らと茶会を催しては地元の人を招いていたという。太閤を偲び、先代の茶会文化を受け継ぐ行事。

12～1月頃
北野クリスマス
ストリート（北野）
情緒あふれる北野坂・北野異人館周辺のイルミネーション。毎年行われ、雰囲気のある冬の風物詩となっている。

上旬
神戸ルミナリエ
阪神・淡路大震災犠牲者の鎮魂の意と、都市の復興・再生への夢と希望を託し、1995年から続く光の芸術。※開催月、開催場所は公式HPで要確認
➡ P.30

♢ 元町夜市

⤴ 神戸ジャズストリート

⤴ 神戸ルミナリエ © Kobe Luminarie O.C

プレミアム滞在 モデルプラン

神戸
おとなの1泊2日

明治の開港以来継承された、スタイリッシュな
街並みと文化の薫りに包まれて過ごす。
海と山の美しい景色を眺め、異人館や洋館の
レトロモダンな空間に溶け込む穏やかな旅を。

⬆異国情緒漂う北野は、神戸でまず訪れたいエリア。数多くの異人館が立ち並ぶ

1日目

外国人の名残漂う街区をそぞろ歩き

異人館がある北野や外国人の活動の拠点となった旧居留地を歩いて散策。

| 9:00 | JR三ノ宮駅 |

約15分
シティーループで地下鉄・
三宮駅前(北行)停留所か
ら北野異人館停留所

| 9:30 | 北野の異人館 |

約20分
シティーループで北野異
人館停留所から市役所前
停留所

| 13:00 | 旧居留地 |

⬇ 徒歩すぐ

| 16:00 | 南京町 |

約1時間30分
JR元町駅から、JR六甲道
駅へ。阪急・六甲駅、阪神・
御影駅からもアクセスで
きる。市バス・六甲ケー
ブル行きで21分、終点の
六甲ケーブル下駅下車、
六甲ケーブルに乗り換え
て10分。山上駅から六甲
山上バスで10分、六甲
ガーデンテラス下車すぐ

| 19:00 | 摩耶山 |

約25分
摩耶ロープウェー星の駅
から5分、虹の駅で乗り
換え、摩耶ケーブルで5
分、阪急王子公園駅から
阪急神戸線で5分、阪急
三宮駅下車、徒歩4分

| 19:30 | JR三ノ宮駅 |

北野の異人館 で
豪奢な造りに感嘆する

うろこの家・
展望ギャラリー ➡P.34
うろこのいえ・てんぼうギャラリー

北野を代表する異人館。館内では
美しい西洋陶器コレクションや絵
画が見られる。最も高台にあり神
戸市街や海も一望。

萌黄の館 ➡P.35
もえぎのやかた

爽やかで淡いグリーンの外壁が印
象的な異人館。内部も贅沢ながら
どこか軽やかで、当時の建築の意
匠をうかがうことができる。

神戸トリックアート
不思議な領事館 ➡P.37
こうべトリックアートふしぎなりょうじかん

異人館には体験できる施設も豊富。こ
こだけの異人館体験をしよう。

18

外国への玄関口だった 旧居留地 を巡る

旧居留地38番館 ➡P.56
きゅうきょりゅうちさんじゅうはちばんかん

旧居留地のなかでも特にクラシカルな趣をみせるビル。高級ブランドのブティックとなっている。

大丸神戸店
だいまるこうべみせ
➡P.56

一帯の街づくりをリードする百貨店。本館以外にも、レトロビルを活用した売り場を展開。

旧神戸居留地十五番館
きゅうこうべきょりゅうちじゅうごばんかん
➡P.57

唯一現存する旧居留地に残る建物。内部はカフェとなっている。

┌─────────────────┐
│ プランニングのアドバイス │
└─────────────────┘

北野の異人館は15以上が公開されている。すべてをまわるのは難しいので、あらかじめ訪れる場所を選んでおこう。また、坂道を歩くことが多くなるので、歩きやすい靴で出かけたい。旧居留地と南京町は隣り合うエリアなので、うまく計画して、歩く距離を短縮したい。六甲山へのアクセスはやや複雑。ケーブル駅まではタクシーを利用するのも手だろう。

ランチは北野の異人館レストランがおすすめ。食事をしながら、異人館の素敵な内装を楽しめる。

旧居留地にはレトロビルがカフェとなっている建物もあるので、休憩はぜひそちらで。南京町でたくさん食べるつもりであれば、量は控えめにしておこう。

夜は三宮まで戻れば豊富な選択肢から選べる。

南京町 で中国のような雰囲気を満喫する

南京町 ➡P.68
なんきんまち

中国人が集まり住んだ土地。通りには中国料理レストランや雑貨店が並ぶ。

摩耶山 へ。1000万ドルの夜景を観賞

摩耶山 掬星台 ➡P.25
まやさん きくせいだい

ケーブルとロープウェーを乗りつぎ、日本三大夜景を見下ろす展望台へ。大阪方面から神戸市街のダイナミックな夜景を体感できる。埠頭や街に明かりがともりはじめる光模様が感動的！

2日目

ベイエリアを巡り、人気の買い物エリアへ

メリケンパークとハーバーランドで港町気分を満喫。午後はショッピングを楽しむ。

8:50 JR三ノ宮駅

約10分
シティーループで地下鉄・
三宮駅前(南行)停留所か
らメリケンパーク停留所

9:00 メリケンパーク

徒歩 約10分

11:00 神戸ハーバーランド

徒歩 約5分
中突堤中央ターミナルか
ら山側へ。すぐに高速道
路の通る海岸通にたどり
着く

15:00 栄町通・海岸通

徒歩 約5分
栄町沿いに南京町があ
る。南京町を抜ければ元
町の繁華街に着く

17:00 三宮・元町

徒歩 約4分

19:00 JR三ノ宮駅

爽快な港風景が広がる
メリケンパーク

神戸ポートタワー ➡P.46
こうべポートタワー

展望台の眺めも見事だが、空と海の青
に映える真っ赤なタワーを眺めれば、
港町・神戸へ来たことを実感できる。

神戸海洋博物館・カワサキワールド
こうべかいようはくぶつかん・カワサキワールド
➡P.47

「神戸とみなとのあゆみ」をテーマに、港の発展と神
戸港の関わりを、映像や体験型の展示を交えて紹介。

海沿いの一大ショッピング施設。 神戸ハーバーランド へ

神戸ハーバーランドumie
こうべハーバーランドウミエ

人気のレストランやショップが盛りだくさ
んの最新スポット。地元素材にこだわった
店がおすすめ。 ➡P.48

モザイク大観覧車 ➡P.50
モザイクだいかんらんしゃ

観覧車で上から港の景色を満喫しよう。メ
リケンパークや神戸市街が一望のもとに。

神戸港クルーズ ➡P.51
こうべこうクルーズ

ゆっくりと海の上からの眺めを楽しもう。
明石海峡大橋や間近な工場など、船の上
からでないと見られない光景もたくさん。

栄町通・海岸通 でこだわりの逸品を探す

栄町通・海岸通 ➡P.88
さかえまちどおり・かいがんどおり

大通りに挟まれた細い道をあちこち巡り、好みの雑貨を見つけよう。気になったら入ってみるのが吉。

雑貨店などが多く入っている海岸ビルヂング

⬆海岸通沿いは旧居留地と同じように古い建物が残る

værelse ➡P.90
ヴェアルセ

北欧のカラフルな毛糸が並ぶ雑貨店。簡単に編み物ができるキットなどが並び、選ぶのも楽しい。

PoLeToKo ➡P.90
ポレトコ

手作りのかわいい雑貨が並ぶ。個性あふれる動物の置物は、その表情に心も和む。

AIDA with CAFE 神戸店 ➡P.89
アイダ ウィズ カフェ こうべてん

海岸通の散策でひと休み。心地よい雰囲気のカフェにはおしゃれでおいしいフードが豊富。

プランニングのアドバイス

ベイエリアは海風が強いので、寒い季節は服装に注意。神戸港クルーズはハーバーランドへ行く前にあらかじめ乗船場に寄って、出発時刻を確認しておこう。
午後の買い物で荷物が多くなったら、コインロッカーを活用しよう。JR三ノ宮駅のほか、阪神・阪急の三宮駅やそごうの地下にもある。ランチはumieのレストランからチョイス。地の食材を使用した店や、お菓子メーカーのサロンなど神戸ゆかりの食事処が多く並ぶほか、話題のパンケーキの店など流行りの店も多い。
栄町通・海岸通では、カフェで休憩しながら、雑貨店をまわろう。
夜はせっかくの旅先、少し奮発して世界的に有名な神戸牛を試してみてはいかが。洋食の老舗や中国料理の名店を訪ねるのも良い思い出になるだろう。

三宮・元町 で買い忘れがないかチェック

三宮・元町 ➡P.74
さんのみや・もとまち

三宮や元町の商店街、駅周辺の百貨店や商業施設など選択肢豊富。おしゃれな店が揃うトアウエストもおすすめ。

ツバクロ雑貨店 ➡P.86
ツバクロざっかてん

トアウエストの雑貨店。手作り雑貨を中心に、センスの良いアクセサリーなどが揃う。

じばさん ele ➡P.84
じばさん エレ

三宮の神戸国際会館SOL内にある。丹波焼や播州織など、兵庫県の地場産品を扱うセレクトショップ。

神戸凬月堂 本店 ➡P.124/P.125
こうべふうげつどう ほんてん

明治30年(1897)創業、神戸スイーツの先駆け的存在の店。長く愛される、銘菓ゴーフルは旅のおみやげに最適。

神戸ステーキレストラン モーリヤ本店 ➡P.94
こうべステーキレストラン モーリヤほんてん

本場の神戸牛が堪能できる名店。歴史を感じるこぢんまりとした雰囲気が魅力的。

ニュース＆トピックス

港町のシンボルが新たにリニューアルオープン！映えるフォトスポットや水族館・動物園など、家族で行けるスポットで今まで体験したことのない神戸を楽しもう！

2024年春頃リニューアルオープン予定

60周年を迎える神戸のシンボル
神戸ポートタワー がリニューアル！

屋上に展望歩廊が登場し、神戸の街を見渡せるように。内部には夜景を眺めながら食事を楽しめるバーや、光をテーマとしたミュージアムも開設予定。低層4階の屋根の一部を撤去し、開放的なテラスに。

神戸ポートタワー
こうべポートタワー
➡ P.46

鼓形の美しい外観が特徴の神戸のランドマーク

新しい「神戸ポートタワー」を感じさせる空間となる

ポートタワー周辺ではさまざまなイベントを開催予定

リニューアル後、地上約100mの屋上に「展望歩廊」が新設される（画像提供：神戸市港湾局）

※掲載のパースはイメージです。実際とは異なる場合があります

2023年7月オープン

神戸のフォトスポット
BE KOBE が誕生

きれいな海と砂浜が広がり、夏は海水浴スポットとして賑わうアジュール舞子。モニュメントのデザインは、白砂青松の景勝地である舞子の浜をイメージしている。

BE KOBE（アジュール舞子）
ビーコウベ（アジュールまいこ）
舞子 MAP 本書P.2A-4
☎078-706-2011　垂水区海岸通11　JR舞子駅から徒歩7分　見学自由　P396台

明石海峡大橋をバックに迫力のある写真を撮影することができる

夜は文字が浮かび上がるようなライトアップがされる

22

野生に近い動物たちの姿を
神戸どうぶつ王国 で観察しよう

2023年3〜4月オープン

日本固有種のニホンリスに会える「リスの森〜Squirrel Forest〜」や園内初となる夜行生物の展示場「モモンガの夜〜夜の動物たちの世界〜」。できるだけ野生に近い姿を観察できるようになっている。

神戸どうぶつ王国
こうべどうぶつおうこく

➡ **P.150**

間近でリスたちの愛らしい姿を見ることができる展示場

木の上で生活する「ニホンモモンガ」。躍動感あふれる姿が見られるかも

内部は薄暗く、昼夜逆転した世界。日中は眠っている動物たちも活動的

「オルカスタジアム」で迫力あるパフォーマンスを

2024年6月オープン

水族館の東側には「神戸須磨シーワールドホテル」も設置予定

かつての水族館跡地に
神戸須磨シーワールド がオープン!

2023年に閉園した須磨海浜水族園跡地に新たな水族館がオープン予定。シャチの展示を開始すれば、西日本で唯一、シャチのパフォーマンスを見学できる場所になる。

神戸須磨シーワールド
こうべすまシーワールド

須磨 **MAP** 本書P.2 A-4

須磨区若宮町1-3-5　JR須磨海浜公園駅から徒歩5分
入園3000円

安藤忠雄氏がデザインした
こども本の森 神戸 で読書を楽しむ

建築家・安藤忠雄氏からの寄付により、オープンした子どものための文化施設。天井まで本棚が設けられ、子どもが本に興味を持つような工夫がいたるところにされている。

こども本の森 神戸
こどもほんのもりこうべ

三宮 **MAP** 付録P.5 D-4

☎078-325-1125　中央区加納町6-1-1　9:30〜17:00　月曜(土・日曜、祝日は事前Web予約が必要)　JR三ノ宮駅から徒歩13分　なし

背面に本が収納できるチャーチチェア。本は週ごとに変わる

大階段では大きな窓から差し込む光を浴びながらゆったり本が読める

壁一面に本が広がる吹き抜けの空間も。大きな青いりんごも

2022年3月オープン

さんざめく港町神戸 夜景絵巻

山で、海で、街で
夜の絶景を見る

国内随一の夜景都市、神戸。山上、海沿い、展望台など、
さまざまな場所で楽しめるのがその魅力。
煌々と輝く街の圧倒的なスケールを心に刻みたい。

摩耶山 掬星台

まやさん きくせいだい

六甲山 **MAP** 本書 P.138

星が掬えそうなほど空に近い、という
名前のとおり、見渡す限りに広がる星
空と夜景が同時に楽しめる。天の川を
イメージしてライトアップされる遊歩道
「摩耶★きらきら小径」も幻想的だ。

☎なし

所 灘区摩耶山町2-2　開休料 見学自由
交 まやビューライン・星の駅から徒歩1分
P 摩耶山天上寺前の駐車場利用

日本三大夜景に数えられるのは
ここから眺める夜景

山で、海で、街で 夜の絶景を見る

函館、長崎とともに日本三大夜
景のひとつとして知られる摩耶
山 掬星台からの眺め。P.52/P.53
で海辺の夜景レストランを紹介

六甲山から眺める夜景。はるか大阪まで海を囲って光の絨毯が広がる

大阪市

神崎川橋

淀川

尼崎市

阪神高速5号線

西宮港

阪神高速3号線

西宮市

芦屋市

標高880mから眺める夜景は街に宝石をちりばめたよう

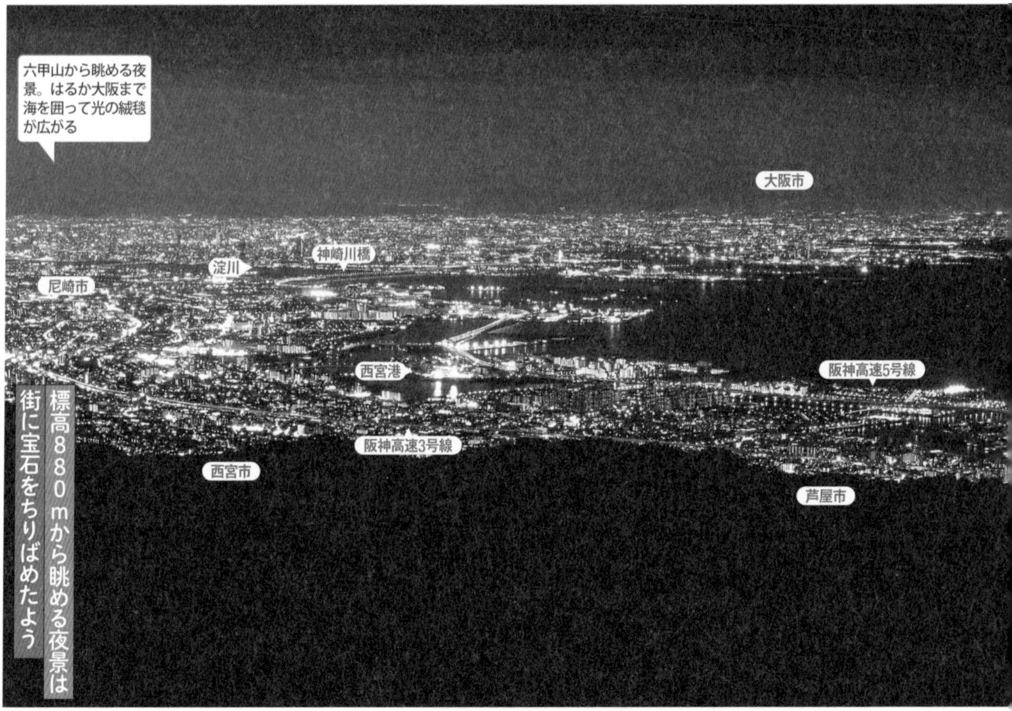

六甲ガーデンテラス

ろっこうガーデンテラス

六甲山 **MAP** 本書P.138

レストランやカフェなどが揃い、憩いの場ともなっている有数の眺望スポット。ヨーロッパの田舎町を思わせる建物や庭園も雰囲気たっぷり。明石海峡大橋や関西空港などが広がる、壮大なスケールの夜景が楽しめる。

☎078-894-2281 　働灘区六甲山町五介山1877-9 　働9:30〜21:00(季節、曜日、天候、店舗により異なる) 　働無休(店舗は不定休) 　働無料(一部有料施設あり) 　働六甲ケーブル・六甲山上駅から六甲山上バス・六甲ガーデンテラス下車すぐ 　働あり

⤴夜景に包まれながらディナーを楽しむ観光客の姿も

夜になるとライトアップされる六甲枝垂れは幻想的な雰囲気

©shinkenchiku-sha

デザインコンセプトは「六甲山上に立つ一本の大樹」

自然体感展望台 六甲枝垂れ

しぜんたいかんてんぼうだい ろっこうしだれ

六甲山 **MAP** 本書P.138 ➡**P.140**

六甲ガーデンテラス内にある、建築家の三分一博志氏が手がけた展望台。建物を覆うフレーム越しに切り取られた夜景は額縁に入った絵画のようで、さながら夜景美術館といった趣だ。

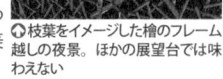

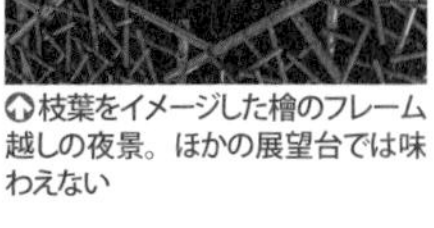

⤴枝葉をイメージした檜のフレーム越しの夜景。ほかの展望台では味わえない

堺市

六甲アイランド

東神戸大橋

東灘区

灘区

天覧台
てんらんだい

六甲山 **MAP** 本書 P.138

昭和天皇が立ち寄り、夜景を眺めたことからその名がついた展望台。視界が開けたパノラマの夜景が楽しめ、1000万ドルともいわれる輝きは圧巻。天気が良いと、遠く和歌山方面まで見渡せる。

☎078-861-5288　所灘区六甲山町一ヶ谷1-32　時7:10〜21:00　休無休　料無料　交六甲ケーブル・六甲山上駅からすぐ　Pあり

眼下に広がる一大パノラマ夜景
圧倒的な180度ワイドビュー!

↑ケーブルカーでアクセスできる気軽さも魅力

展望台にあるTENRAN CAFEから、しっとりと観賞するのもいい

27

標高約400mの幻想的空間
展望も素晴らしいハーブガーデン

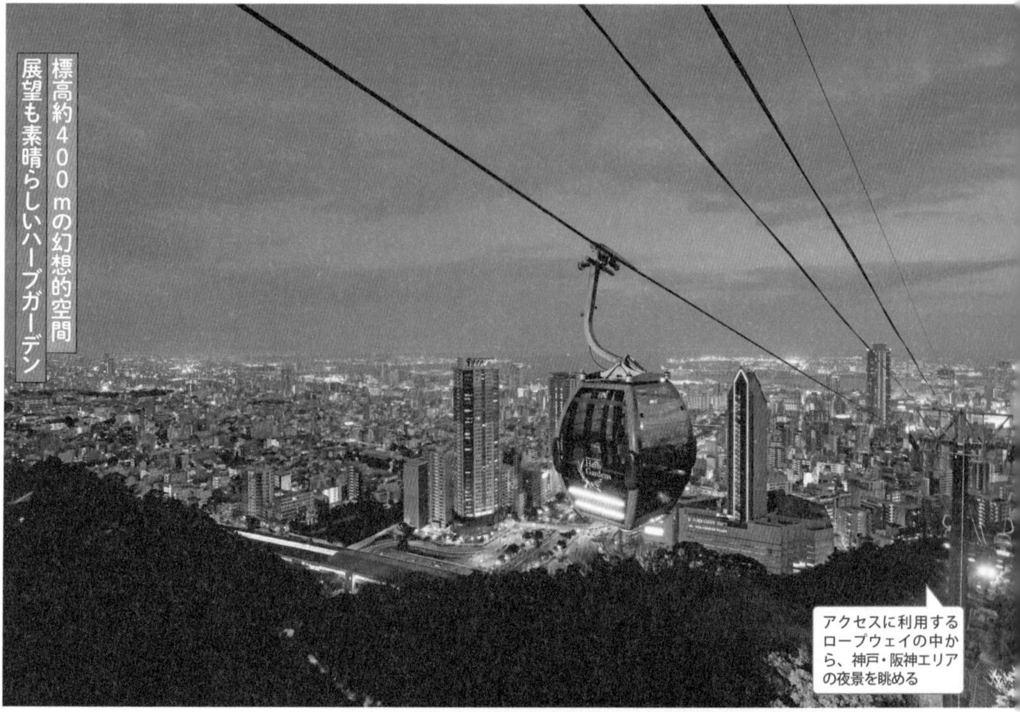

アクセスに利用するロープウェイの中から、神戸・阪神エリアの夜景を眺める

神戸布引ハーブ園／ロープウェイ

こうべぬのびきハーブえん／ロープウェイ

新神戸 MAP 本書P.2 B-3

約200種7万5000株の四季折々のハーブや花が咲く日本最大級のハーブガーデン。展望プラザからの夜景やイルミネーションはもちろん、ロープウェイからの「動く夜景」も素晴らしい。

☎078-271-1160 所中央区北野町1-4-3 開9:30～16:45(土・日曜、祝日は～20:15、季節により異なる) 休無休(悪天候時、冬季点検による運休・休園あり) 料1800円(17:00以降は1100円、冬季変動) 交地下鉄・新神戸駅から徒歩5分 Pなし ※2024年4月以降料金改定予定

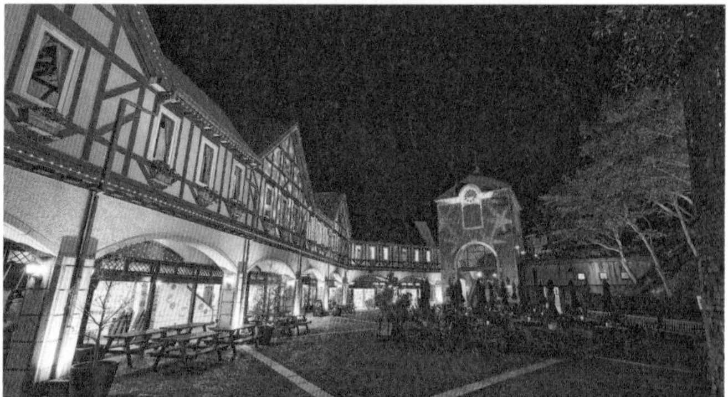

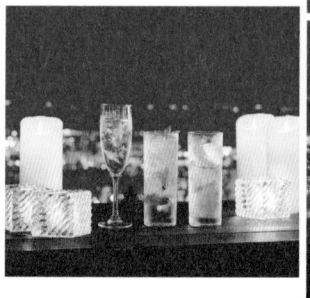

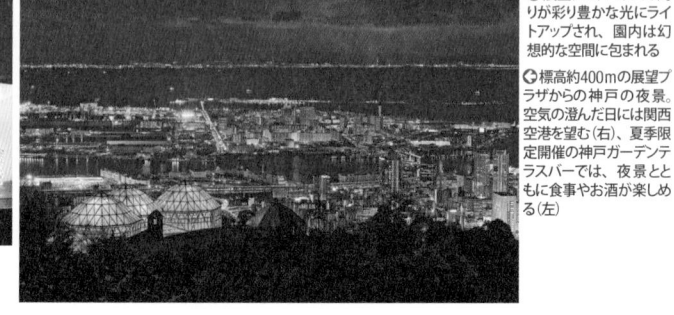

↑展望レストハウスの周りが彩り豊かな光にライトアップされ、園内は幻想的な空間に包まれる

←標高約400mの展望プラザからの神戸の夜景。空気の澄んだ日には関西空港を望む(右)、夏季限定開催の神戸ガーデンテラスバーでは、夜景とともに食事やお酒が楽しめる(左)

神戸ポートタワーから夜景を一望できる

➡ P.48

神戸ハーバーランド

こうべハーバーランド

ベイエリア MAP 付録P.16 C-4

神戸港に面したエリア
海沿いのイルミネーションも

オレンジを基調とした光が、レトロな港町の雰囲気に美しく溶け合う神戸港の夜景。毎夜、ガス燈通りとハーバーロードがイルミネーションに彩られ、眺めるだけでなく、歩いても楽しめる。

山で、海で、街で 夜の絶景を見る

メリケンパーク

ベイエリア MAP 付録P.17 E-3

➡ P.46

神戸のシンボルがライトアップ
近未来的なベイビューが広がる

隣接するハーバーランドとは対照的に、曲線的な建物が輝き、近未来的な景観が見られるメリケンパーク。ハーバーランド側から眺めれば、夜景が神戸港に反映し、よりいっそう幻想的に。

神戸港発のディナークルーズなども人気

※ポートタワーは2023年10月現在工事中

29

神戸空港 展望デッキ
こうべくうこう てんぼうデッキ

神戸空港 **MAP** 本書 P.2 C-4

発着する飛行機の轟音が響く臨場感たっぷりのロケーション

神戸空港の最上階に設置されている展望デッキは、滑走路が隣接、発着する飛行機が臨場感たっぷりのロケーションだ。遠く神戸市街の夜景と、デッキのイルミネーションも楽しみたい。

☎078-304-7777 📍中央区神戸空港1 ⏰6:30〜22:00 休無休 料無料 🚃ポートライナー・神戸空港駅直結 Ｐあり

> クリスマスなど、期間限定でイルミネーションイベントも

三宮の夜景を一望 地上約100mの高さから

神戸市役所本庁舎1号館展望ロビー
こうべしやくしょほんちょうしゃいちごうかんてんぼうロビー

旧居留地 **MAP** 付録 P.14 C-2

神戸市役所本庁舎1号館の24階は展望ロビーとして、一般に開放されている穴場の展望スポット。地上約100mの高さから、神戸港の美しい景色などが眺められる。

☎078-331-8181（市役所代表） 📍中央区加納町6-5-1 神戸市役所本庁舎1号館24F ⏰9:00（土・日曜10:00）〜22:00 休無休 料無料 🚃JR三ノ宮駅から徒歩6分 Ｐなし

> ハーバーランドの美しい街並みなどを見渡すことができる

特集●夜景

神戸の冬を飾る華やかなイルミネーション
神戸ルミナリエ
こうべルミナリエ

旧居留地 **MAP** 付録 P.14 B-3

阪神・淡路大震災犠牲者への鎮魂、そして復興と再生の願いを込め、1995年に初めて開催された。以降、市民の強い希望により毎年開催、神戸の冬の風物詩として定着した。

会場はどこ?

旧外国人居留地と東遊園地一帯。会場内は阪神・JR元町駅から東遊園地方面への一方通行になっており、途中からコースに入ることはできない。

開催しているのはいつ?

例年、12月初旬から中旬にかけて10日間ほどで開催されるが、正式な日程は公式HPなどで確認してから出かけよう。

※神戸ルミナリエは募金によって運営されています。1人100円の会場募金にご協力ください

⬆優雅な光のアート作品が立ち並び、例年多くの来場者を魅了する

© Kobe Luminarie O.C.

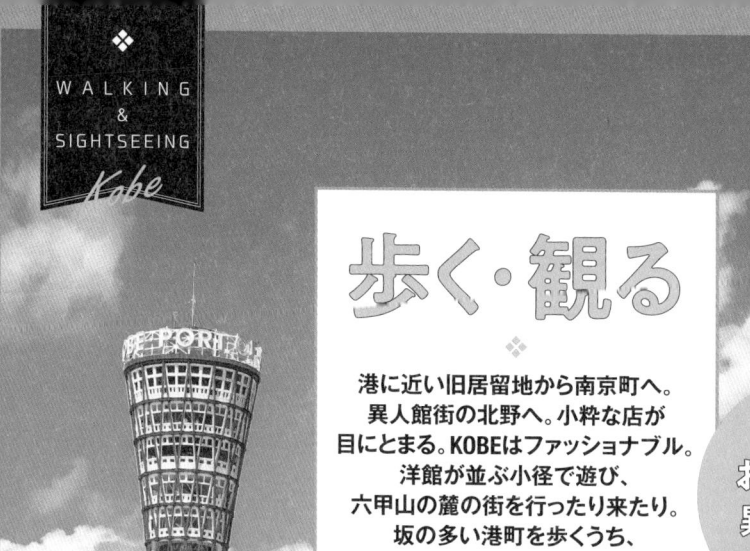

歩く・観る

港に近い旧居留地から南京町へ。
異人館街の北野へ。小粋な店が
目にとまる。KOBEはファッショナブル。
洋館が並ぶ小径で遊び、
六甲山の麓の街を行ったり来たり。
坂の多い港町を歩くうち、
ふと異国情緒の風を感じる。

小粋で
おしゃれな、
異国情緒が
漂う街

「異人さん」が住んだ洋館群の間から、輝く海が見える

北野
きたの
MAP 付録P.6

はるか故郷へ続く海を眺めて異人が暮らした街。
小さな坂道の途中に瀟洒な洋館がたたずむ、
ヨーロッパの街角のような山の手を散歩する。

外国人が多く住んだ異人館街
多国籍な建築を楽しみたい

　山麓の北野に異人館が建てられたの
は、神戸の開港から20年ほど経った明
治20年代。居留地で働く外国人たちは、
海を見下ろす高台の一等地に、好んで
住居を構えた。200棟を超す洋館が立
ち並ぶようになり、外国人たちは坂を
下って海辺の商館に通った。

　洋館が30棟ほどに減った今も、異人
館街の瀟洒な雰囲気は残されている。

　北野坂を上りきると、細い坂道が迷
路のように続く北野の異人館街がある。
下見板張りの壁に張り出し窓、ベランダ
を持つコロニアル建築をはじめ、ドイ
ツ風やフランス風、オランダ風の個性
的な洋館がたたずむ街並みは、まるで
異国の閑静な邸宅街のよう。

　内部を公開するうろこの家・展望ギャ
ラリーでは、華やかな室内装飾や調度
品が往時の優雅な生活を伝えてくれる。
異国情緒にお似合いのカフェや雑貨屋
さんも見つけられる。

⤴イタリア館で今も使用されるダイニング

⤴北野坂を上ると異人館が見えてくる

● 神戸外国倶楽部

P.39
ラ・メゾン・ドゥ・グラシアニ
神戸北野

異人館通

山本通3

山本通(3)

山本通3

Ｈ神戸北野ホテル

トアロード

北野工房のまち

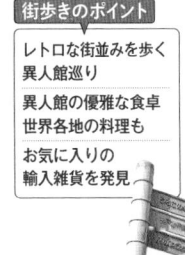

街歩きのポイント

レトロな街並みを歩く
異人館巡り

異人館の優雅な食卓
世界各地の料理も

お気に入りの
輸入雑貨を発見

↑萌黄の館のベンチで一緒
に記念撮影

←ラインの館など北野通り
に多くの異人館が並ぶ

街歩きinformation

神戸のココ

アクセス方法

●電車	●シティーループバス
JR三ノ宮駅	地下鉄三宮駅(北行)
⏱徒歩15分	⏱約15分
北野	北野異人館

お得な割引券を活用!

複数の異人館を見学するには、お
得な割引券を活用するのがおすす
め。それぞれの対象館が販売して
いる。行きたい洋館が入っている
共通割引券を選んで出かけよう。

券　種	対象施設
北野通り 3館パス 1400円	英国館、洋館長屋、ベン の家
北野7館周 遊パス 3000円	【異人館7館＋展望ギャ ラリー】 うろこの家・展望ギャラ リー、山手八番館、北野 外国人倶楽部、坂の上 の異人館、英国館、洋 館長屋、ベンの家

問い合わせ先

北野観光案内所

きたのかんこうあんないじょ

MAP 付録P.6 C-2

☎078-251-8360　所中央区北野町
3-10-20　時9:00〜17:00　休無休

↑異人館巡りの情報はここで聞こう

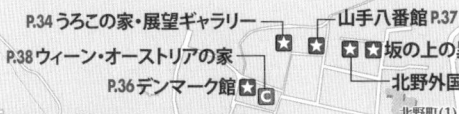
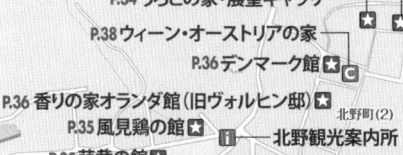

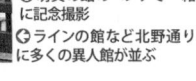
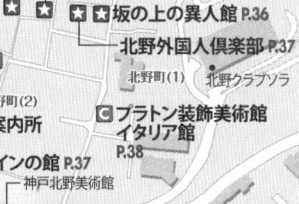

P.34 うろこの家・展望ギャラリー　山手八番館 P.37

P.38 ウィーン・オーストリアの家　★坂の上の異人館 P.36

P.36 デンマーク館　C　北野外国人倶楽部 P.37

北野町(1)　北野クラブソラ

P.36 香りの家オランダ館(旧ヴォルヒン邸)　北野町(2)

風見鶏の館 P.35　北野観光案内所　Cプラトン装飾美術館

P.35 萌黄の館　天神坂　イタリア館 P.38

念福寺卍　異人館バラスティン邸C　ラインの館 P.37

神戸北野美術館

神戸トリックアート 不思議な領事館　★C北野異人館 旧ムーア邸 P.39

北野町(3)　P.37　北野異人館　北野通り　新神戸駅

P.37　★★　ベンの家 P.36　加納町(2)

スターバックス コーヒー　P.36 英国館　不動坂

神戸北野異人館店C　•リンズギャラリー　加納町(1)

P.36 洋館長屋

•旧スタデニック邸　地下鉄西神・山手線

H六甲荘

★　北野坂　H　加納町3

ハンター坂　グリーンヒル　Hピエナ

P.65　山本通(1)

山本通(2)　布引町(2)　加納町3

卍北野坂　加納町3　◀三宮駅

33

北野のシンボル、絵になる3大異人館

個性的な洋館の美意識に感動

数ある北野異人館のなかでも、必ず行きたい3つの異人館をご紹介。
個性的な外観と美しい内装が見どころ。

↑3階から神戸の街並みが一望できる展望ギャラリー

天然石でできたうろこのような外壁

↑天然石スレートでできた魚のうろこを思わせる外壁が個性的。
高台にそびえ立つ洋館は、国の登録有形文化財に登録されている

うろこの家・展望ギャラリー

うろこのいえ・てんぼうギャラリー

MAP 付録P.6 C-1

国指定登録文化財である
うろこの家は北野異人館の代表

明治後期に建てられ、大正に入ってから
現在の地に移されたといわれる異人館。
天然石スレートでできた外壁が、魚のう
ろこ模様に似ていることから「うろこの
家」の愛称で親しまれている。館内のアン
ティークコレクションも見どころ。

☎0120-888-581　所中央区北野町2-20-4
時10:00〜17:00　休不定休(公式HPを要確認)
料1050円　交JR三ノ宮駅から徒歩20分
P なし

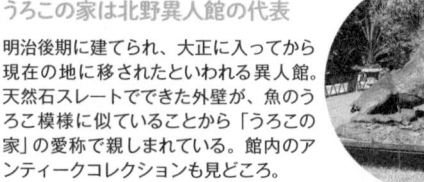

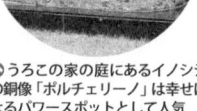
↑うろこの家の庭にあるイノシシ
の銅像「ポルチェリーノ」は幸せに
なるパワースポットとして人気

↑展望ギャラリーでは数多くの
西洋名画コレクションが楽しめ
る(右上)
↑1階ダイニングには古マイセ
ンなど名磁器が揃う(左上)
↑2階の居間はアンティーク家
具も多くクラシカルな雰囲気が
感じられる(左下)

風見鶏の館
かざみどりのやかた
MAP 付録P.6 C-2

北野の広場前にたたずむ
風見鶏がシンボルの重厚な建築

北野の異人館では、唯一のレンガ張り。ドイツ人貿易商の私邸として、明治42年(1909)頃に建てられた。尖塔上の風見鶏が館のシンボルであり、国指定の重要文化財に認定されている。

☎078-242-3223 ㊟中央区北野町3-13-3
㊐9:00〜18:00(入館は〜17:45) ㊡2・6月の第1火曜(祝日の場合は翌日) ㊎500円
㊚JR三ノ宮駅から徒歩15分 ㋐なし
※2023年10月より長期休館中

北野異人館のなかで唯一のレンガ張り

◐鮮やかなレンガの色調が、重厚な雰囲気を醸し出している

注目ポイント

屋根の上のシンボル
風見鶏は風向計の役割や魔除けの意味がある

◐尖塔の上に立つ風見鶏はよく知られ、今では北野町の象徴として欠かせない存在

◑1階の居間はドイツ伝統様式を取り入れたクラシカルな雰囲気(左)、書斎は19世紀末から20世紀初頭にかけて新しい芸術運動アール・ヌーヴォーの影響を感じさせる(右)

個性的な洋館の美意識に感動

萌黄色のやさしい色合いが楠の大樹と調和

◐明るい日差しが差し込む開放的なベランダ

萌黄の館
もえぎのやかた
MAP 付録P.6 C-2

楠の大樹に囲まれた
やさしい萌黄色の洋館

アメリカ総領事ハンター・シャープ氏の邸宅として明治36年(1903)に建てられた洋館。萌黄色の外壁に包まれた建築で、左右異なる張り出し窓や建物の中央にあるレンガ造りの煙突など、当時のきめ細かな意匠がうかがえる。

☎078-855-5221 ㊟中央区北野町3-10-11
㊐9:30〜18:00(入館は〜17:45) ㊡2月第3水曜と翌日 ㊎400円 ㊚JR三ノ宮駅から徒歩15分 ㋐なし

◑国の指定重要文化財にも登録された建築

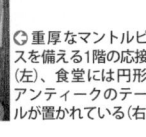
◑重厚なマントルピースを備える1階の応接室(左)、食堂には円形のアンティークのテーブルが置かれている(右)

35

オモシロ！
異人館体験

自分だけのオリジナル香水を作ったり、
ドレスや衣装を着たりして、異人館巡りの思い出づくりを。

ベーカー街221bの部屋の前で記念撮影

ブレンダーが自分だけの香水を調合

オリジナル香水作り

年齢や趣味、好きな果物など、パーソナルシートをもとに自分だけの香水を調合してくれる。9㎖ 3960円

香りの家オランダ館 (旧ヴォルヒン邸)
かおりのいえオランダかん (きゅうヴォルヒンてい)
MAP 付録P.6 C-2

1920年代にオランダ総領事の邸宅として建てられた。昭和57年(1982)に一般公開されてからは、自分だけのオリジナル香水作りや、オランダ民族衣装体験ができる。

☎078-261-3330 所中央区北野町2-15-10
閏10:00～17:00 休無休
料700円 JR三ノ宮駅から徒歩15分 Pなし

→2階建ての建築。緑の扉がノスタルジックな雰囲気

英国館 ホームズ衣装体験
えいこくかん
MAP 付録P.6 C-2

明治42年(1909)に建築された洋館。英国人建築家による典型的なコロニアルスタイルで、庭園にはエリザベス女王が愛用したとされるものと同型のディムラーリムジンを展示している。

☎0120-888-581 所中央区北野町2-3-16
閏10:00～17:00 休不定休(公式HPを要確認)
料750円
JR三ノ宮駅から徒歩15分
Pなし

インバネスケープとディアストーカーは無料で試着できる。館内や中庭で衣装を着て記念撮影しよう

→シャーロック・ホームズのトレードマークであるマントと帽子を着て記念撮影

→本格的なイングリッシュガーデンで散策を

坂の上の異人館
さかのうえのいじんかん
MAP 付録P.7 D-1

北野で唯一の東洋の薫り漂うシノワズリの世界に包まれる館。
☎0120-888-581 所中央区北野町2-18-2 閏10:00～17:00 休不定休(公式HPを要確認) 料550円 JR三ノ宮駅から徒歩20分 Pなし

洋館長屋
ようかんながや
MAP 付録P.6 C-2

2軒が左右対称に建つ外国人向けアパート。館内にはフランスの美術品が並ぶ。
☎0120-888-581 所中央区北野町2-3-18 閏10:00～17:00 休不定休(公式HPを要確認) 料550円 JR三ノ宮駅から徒歩15分 Pなし

デンマーク館
デンマークかん
MAP 付録P.6 C-1

童話作家アンデルセンの書斎を再現し、デンマーク文化を紹介。
☎078-261-3591 所中央区北野町2-15-12 閏10:00～17:00 休無休 料500円 JR三ノ宮駅から徒歩20分 Pなし

ベンの家
ベンのいえ
MAP 付録P.6 C-2

世界中から収集した蝶や剥製動物の展示など、個性的な展示が魅力。
☎0120-888-581 所中央区北野町2-3-21 閏10:00～17:00 休不定休(公式HPを要確認) 料550円 JR三ノ宮駅から徒歩15分 Pなし

北野外国人倶楽部
きたのがいこくじんくらぶ

MAP 付録P.7 D-1

開港当時の社交場を再現し、まるでタイムスリップしたかのよう。ブルボン王朝の貴族の家にあった巨大な暖炉は精巧な浮き彫りが施されており豪華なデザインとなっている。

☎0120-888-581　所中央区北野町2-18-2
時10:00～17:00　休不定休(公式HPを要確認)　料550円(ドレス撮影は女性5000円、男性1000円)　交JR三ノ宮駅から徒歩20分　Pなし

↑緑あふれる洋館のエントランス　↑豪華な家具が並ぶダイニング

ドレス衣装を着てスタジオで記念撮影

↑薪炭かまどのあるオールドキッチン

40着以上のドレスから好みのドレスを選び、専用スタジオで撮影かできる「お気に召すまま」(完全予約制)

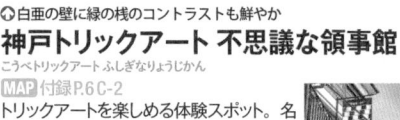

↑白亜の壁に緑の桟のコントラストも鮮やか

神戸トリックアート 不思議な領事館
こうべトリックアート ふしぎなりょうじかん

MAP 付録P.6 C-2

トリックアートを楽しめる体験スポット。名画や立体アートをモチーフにしたものや、南京町、神戸牛ステーキのトリックアートもおもしろい。写真撮影だけではなく、錯覚の世界に自らとびこめるアミューズメント性の高い人気の異人館。

☎0120-888-581　所中央区北野町2-10-7　時10:00～17:00　休不定休(公式HPを要確認)　料800円　交JR三ノ宮駅から徒歩15分　Pなし

↑北野通りでひときわ目立つ高台に建つ異人館

迫力満点の神戸牛。カメラを忘れずに

神戸牛ステーキのトリックアートは人気の写真スポット。子どもから大人まで世代を問わず楽しめる

オモシロ! 異人館体験

ラインの館
ラインのやかた

MAP 付録P.6 C-2

大正4年(1915)に建築されたフランス人の邸宅。明治から続く異人館様式を受け継ぐ洋館。
☎078-222-3403　所中央区北野町2-10-24　時9:00～18:00(最終入館17:45)　休2・6月の第3木曜(祝日の場合は翌日)　料無料　交JR三ノ宮駅から徒歩15分　Pなし

山手八番館
やまてはちばんかん

MAP 付録P.7 D-1

世界からやってきた彫刻作品のなかでも「サターンの椅子」は全国的人気。
☎0120-888-581　所中央区北野町2-20-7　時10:00～17:00　休不定休(公式HPを要確認)　料550円　交JR三ノ宮駅から徒歩20分　Pなし

スターバックス コーヒー 神戸北野異人館店
スターバックス コーヒー こうべきたのいじんかんてん

MAP 付録P.6 C-2

明治時代の建物を生かした店舗。雰囲気たっぷりの店内でコーヒーを。
☎078-230-6302　所中央区北野町3-1-31 北野物語館　時8:00～22:00　休不定休　交JR三ノ宮駅から徒歩10分　Pなし

↑展示スペースは一見の価値あり（入場料が別途必要）

H I S T O R Y

大正4年（1915）建設。イタリア・フィレンツェの装飾的な家具や絵画が展示されており、ロダンの彫刻もある。

南向きテラスで過ごせば海外バカンス気分

カフェ

プラトン装飾美術館 イタリア館

プラトンそうしょくびじゅつかん イタリアかん

MAP 付録P.7 D-2

予約	不可
予算	900円～

豪華な洋館で楽しめるカフェはテラスか地下のワインセラーで。コーヒーやケーキセットなどを味わえる。水のせせらぎが聞こえる癒やしの空間で召し上がれ。

☎078-271-3346
所中央区北野町1-6-15
営10:00～17:00（カフェは土・日曜、祝日のみ営業）休火曜
交JR三ノ宮駅から徒歩15分
Pなし

↑テラス席は冬場もヒーターとブランケットで日中は暖かい

異人館のレストランとカフェ

古典的モダンの優雅なひととき

美しい建築や咲き誇る花の数々を目の前に食事を楽しむ。クラシックなテーブルや食器に囲まれ、いつしか時間の迷路へ。

H I S T O R Y

館内にはモーツァルトをテーマにした展示の数々。作曲に使用したピアノ（複製品）ほか、貴族文化が堪能できる。

↑木洩れ日の下で、散策の疲れを癒やすのにぴったり

山上にあるガーデンカフェで異国の味を

カフェ

ウィーン・オーストリアの家

ウィーン・オーストリアのいえ

MAP 付録P.6 C-1

目玉はウィーンのインペリアルホテル直輸入のチョコレートケーキで、何層にも重なった味わいが楽しい一品。セットドリンクには、ワインになる直前の濃厚生ブドウジュースを試したい。

☎078-261-3466
所中央区北野町2-15-18
営10:00～17:00
休無休 交JR三ノ宮駅から徒歩15分 Pなし

予約	可
予算	Ⓛ500円～

↻オーストリアの民族衣装がお似合いの店員さん。北野にも詳しい

↑インペリアル・トルテセット1350円

神戸北野・随一のモダンなフレンチ

フランス料理

ラ・メゾン・ドゥ・グラシアニ 神戸北野

ラ・メゾン・ドゥ・グラシアニ こうべきたの

MAP 付録P.6 B-3

フルコースは、前菜・メイン・デザートそれぞれに革新・伝統・印象というテ マがうかがえる。料理を豊富なワインリストとともに楽しみたい。食後には気さくなシェフに料理の感想を伝えよう。

☎078-200-6031
🏠中央区北野町4-8-1 🕐12:00〜13:00(LO)
18:00〜20:00(LO) 🈺月曜(祝日の場合は翌日) 🚃
JR三ノ宮駅から徒歩15分 🅿あり

予約 要
予算 Ⓛ8000円〜 Ⓓ2万円〜

HISTORY
貿易を生業としたフランス人一家が、ふるさとのスタイルで建てた「旧グラシアニ邸」を改装。

⬆見た目も美しいランチコースは6400円〜

⬆お皿が来るたび、あっと驚く斬新な盛り付け

⬆天井が高く、特別な空間で味わうフルコースは格別

古典的モダンの優雅なひととき

⬆一般非公開だった希少な館をカフェとして公開

◀銀座で約50年にわたり愛されてきた老舗フランス料理店「銀座マキシム・ド・パリ」のレシピを元にした苺のミルフィーユ1500円

⬆季節ごとに入れ替わるパティシエ特製の贅沢パフェはドリンク付きで2500円

⬇親しみのある落ち着いた雰囲気の内装が心地よい

季節の花が咲く白亜の洋館でスイーツを

カフェ

北野異人館旧ムーア邸

きたのいじんかんきゅうムーアてい

MAP 付録P.6 C-2

100年以上もの間、ムーア氏の住居として使用していた邸宅がカフェとして初公開。心地よい空間と気品漂うインテリアの数々が並ぶ歴史的建造物内で、ここでしか味わえないミルフィーユなど、優雅なティータイムを過ごしたい。

☎0120-210-189
🏠中央区北野町2-9-3
🕐11:00〜17:00
🈺火曜 🚃JR三ノ宮駅から徒歩
15分 🅿なし

予約 可
予算 Ⓛ1100円〜

HISTORY
ラインの館の建築主・ドレウェル夫人が設計した希少な館。ハーブと季節の花々が咲き誇るカフェとして公開。

⬆木洩れ日を浴びてリラックスできるテラス席

本場の味に舌鼓

北野ですから！異国料理を体験したい

訪れた人を魅了する世界のグルメ店は、
彩り豊かな旬の食材を時間をかけて調理。
歴史ある店構えと各国を代表するメニューが自慢。

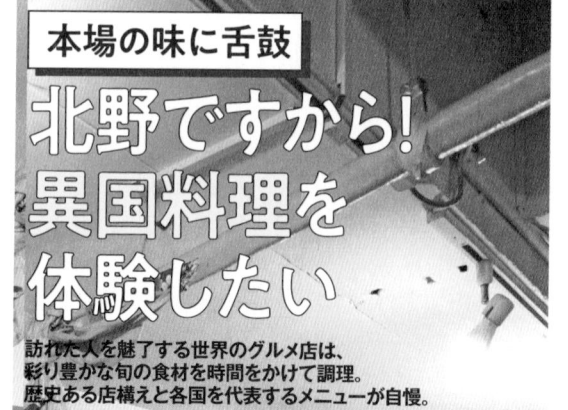

本場の味を日本素材でアレンジ

ベトナム料理

ベトナムごはん comcoka

ベトナムごはん コムコカ

予約	可
予算	L1000円〜
	D1500円〜

MAP 付録P.6A-3

東京やハノイで修業した古賀智晶氏が営むベトナム料理店。神戸の地元から仕入れた野菜や多様な食材を使用し、日本の四季も意識したメニューが味わえる。

☎078-222-8818　所中央区山本通3-3-1 燕京ビルB1　営11:45〜15:00（LO14:15）18:30〜22:30（LO21:45）休水曜　交JR三ノ宮駅から徒歩8分　Pなし

↑人気のパクチーをペーストにしてジェノベーゼ風にアレンジしたパクチー和え麺セット1250円　↑3種春巻きにデザート、ドリンクにフォーがセットと充実のコムコカセット1850円

これぞ本場！スパイス使いに舌鼓

パキスタン料理

ナーン イン

予約	可
予算	L1026円〜
	D2268円〜

MAP 付録P.6A-3

セットメニューはもちろん、本場の味に惹かれ、あれこれメニューを試したくなるお店。シェフが作るスパイシーなパキスタン料理は、ジューシーなグリルも、焼きたてのナンもいい香りでおいしい。

☎078-242-8771　所中央区山本通3-1-2 谷口ビル1F　営11:00〜LO21:00、ランチは〜LO15:00　休無休　交JR三ノ宮駅から徒歩10分　Pなし

↑比較的大きな通りに面していて、わかりやすい。店内は少し暗めで落ち着ける

↓ベジタブルカレー。スパイスの香りに包まれ、絶妙な味わいに

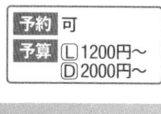

↑美肌効果があるアキーは木の実で、食感がクセになる逸品

美肌効果がうれしい！
ジャマイカのスパイシーフード

ジャマイカ料理

レストラン&バー
JAMAICANA
レストラン&バージャマイカーナ

MAP 付録P.6 C-4

ミュージシャンとして世界のステージで活躍していたマスターがお店を構えて25年近く。本格的なジャマイカ料理が楽しめ、県外から訪れるファンも多い。オススメは「アキー&ソルトフィッシュ」のセット1750円。

☎078-251-6488
所中央区中山手通1-22-27 DOM'S北野ビル8F
営17:30～24:00 土・日曜11:30～14:00 17:30～24:00 休月曜（祝日の場合は翌日） 交JR三ノ宮駅から徒歩15分 Pなし

予約	可
予算	Ⓛ1200円～
	Ⓓ2000円～

↑大きなチキンがメインのコース料理ジャークチキン1200円

↑ビルの8階にある店内からは、神戸の街が一望できる。夜景も美しい

Ⓐ いりえのほとり

MAP 付録P.6B-3

ロシアの新たな魅力を発見

おなじみのマトリョーシカをはじめ、歴史あるヴィンテージ商品、工芸品や民芸品が豊富に揃う。店主自身が魅了されたロシアのアイテムは、ここでしか手に入らないものも多い。

☎078-291-0031
所中央区山本通2-9-15 営11:00〜17:00 土・日曜、祝日10:30〜18:00 休月曜 交JR三ノ宮駅から徒歩10分 Pなし

Ⓑ mano
マノ

MAP 付録P.6B-4

メキシコ、中南米の雑貨が豊富に

旅好きの女性オーナーが営む、かわいい小物や、ちょっぴりマニアックな商品まで中南米の空気が楽しめる店内。ポーチやキーホルダーなど、お手ごろな商品も豊富に揃う。

☎078-777-7631
所中央区中山手通2-18-1 営13:00〜18:30 休火・木曜 交JR三ノ宮駅から徒歩10分 Pなし
URL mano-kobe.com

Ⓒ 小さなあとりえ＊蕾
ちいさなあとりえ つぼみ

MAP 付録P.6C-2

自分だけの一品がきっと見つかる

坂の上にある、1坪の小さなお店。ずっと見ていても飽きない、作家の思いが詰まった温かみのある商品がたくさん。月替わりの展示会もあり、いつ訪れても発見ができる。

☎078-261-0156
所中央区北野町2-12-11 営11:00〜16:00 休日〜火曜 交JR三ノ宮駅から徒歩10分 Pなし

Ⓐ **りんごの木箱**
ロシアの夏の終わりと秋の収穫の象徴、リンゴ。両手いっぱい使って開ける大きめの木箱。6600円

Ⓐ **マトリョーシカ**
ほかでは手に入らない、ロシアの作家ものマトリョーシカが揃う。1万5800円（5ピース）

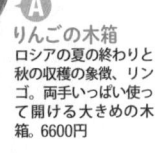

Ⓐ **ベレスタのスパイスセット**
シベリアの白樺樹皮で作られており北国の生活必需品として愛用されている。2970円

海を渡ってやってきた宝物
北野で発見！

Ⓑ **壁飾り**
世界的にも有名なメキシコのお守り、ミラグロの十字架。3960円

ブリキミラー
独特の型押しとペイントがわいい、メキシコの伝統工芸品。1100円〜 Ⓑ

Ⓒ **編み物のビーズがま口**
色合わせが魅力的なビーズ編みのがま口。4500円〜

クッションカバー
民族衣装をリメイクした商品など、色鮮やかな刺繍のクッションカバー。5500円〜

Ⓑ

Ⓒ **木製腕時計**
神戸ではここでしか買えない、使うほど味が出る手作りの腕時計。2万2000円〜

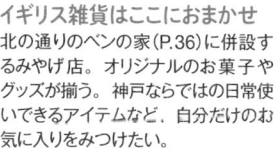

D 異人館オリジナル
プリントクッキー
北野の洋館やモチーフ、神戸を象徴する海景色などがプリントされたクッキー。ばらまきみやげに重宝すること間違いなし。702円

D オリジナルTシャツ
（英国館）
胸元にワンポイントと背中に大きな英国館のプリント。男女ともに人気。2750円

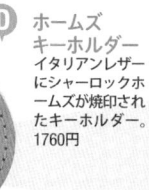

D ホームズ
キーホルダー
イタリアンレザーにシャーロックホームズが焼印されたキーホルダー。1760円

D ククサ（マグカップ）
白樺のコブから丁寧に作られたフィンランドのククサ100mℓ6490円（上）、トナカイの角を使ったククサ150mℓ1万890円（下）

E ポーチ／トートバッグ
マリメッコにもデザインを提供するフィンランドのデザイナー、イェンニ・トォミネン氏が手がけたテキスタイルのポーチ2200円とバッグ3850円

おしゃれ雑貨

異人館が並ぶ北野の街には、海外生まれの雑貨店も多い。かわいいアイテムは、旅の思い出に連れて帰りたくなるものばかり。

E ヴィンテージカップ＆ソーサー
フィンランドの陶器メーカーアラビア社製、1970年代のヴィンテージ。9000円～

F テーブルクロス
オリーブとラベンダーが描かれたテーブルクロス。撥水加工がうれしい。1万4300円

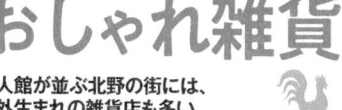

E

F フランス エプロン
エッフェル塔やマカロンなどフランスのかわいいを楽しめるエプロン。5280円

F バッグ
フランス人デザイナー「コム・レ・パピヨン」のバッグ。発色が美しく、蝶のモチーフもアクセントに。4万2900円

D COUVENIR
コーベニア
MAP 付録P.6 C-2

イギリス雑貨はここにおまかせ

北の通りのベンの家（P.36）に併設するみやげ店。オリジナルのお菓子やグッズが揃う。神戸ならではの日常使いできるアイテムなど、自分だけのお気に入りをみつけたい。

☎078-242-0430 所中央区北野町2-3-21 時9:30～17:00（4～9月は～18:00）休無休 交JR三ノ宮駅から徒歩10分 Pなし

E markka
マルカ
MAP 付録P.6 A-3

北欧の雑貨や味を存分に堪能

ヴィンテージを中心とした北欧の雑貨や手作り小物、若手作家の商品がずらり。カフェでは北欧の伝統的な食も味わえて、北欧好きなら一日中いたくなる心地よい空間。

☎078-272-6083 所中央区山本通3-1-2谷口ビル2F 時13:00～17:00（カフェLO16:00）休不定休 交JR三ノ宮駅から徒歩10分 Pなし

F MAISON DE PROVANCE
メゾンド プロヴァンス
MAP 付録P.6 C-3

南仏を感じる雑貨にうっとり

プロヴァンス地方のアイテムが充実した雑貨店。テーブルクロス、バッグ、石鹸、ハーブティーなど南仏やパリの小物、お菓子が勢揃い。

☎078-241-0508 所中央区山本通1-7-21 時11:30～17:00 休不定休 交JR三ノ宮駅から徒歩10分 Pなし

ロマンティックな港風景が広がる

ベイエリア

MAP 付録P.16-17

神戸港に面したレジャースポット。
中突堤中央ターミナルを境に、東は眺めの良い臨海公園、
西には海辺で随一のショッピングスポットが広がる。

街歩きのポイント

海風に吹かれて
メリケンパーク散策

港の夜景を
見ながらディナー

大型ショッピング
施設がずらり

歩く・観る●ベイエリア

近代的発展が始まった地で
ロマンティックな散策

　港町神戸らしい風景を満喫できるエリア。メリケンパークは、メリケン波止場と中突堤の間を埋め立てて造られた臨海公園。メリケン波止場は神戸の開港とともに生まれた埠頭で、メリケンの名は近くにあったアメリカ領事館が由来という。六甲連山も望め、真っ赤な神戸ポートタワーや帆船形の神戸海洋博物館・カワサキワールドの個性的な建物、2017年に神戸港開港150周年を迎えて登場した新たなオブジェなど、港の風景をより魅力的にしている。

　神戸ハーバーランドは、臨海工業地帯を再開発して誕生した大規模複合エリア。大型ショッピングスポットumie(ウミエ)を中心に、グルメやアミューズメント施設も揃った人気のデートスポットだ。2つのエリアを結ぶ快適なプロムナードが海辺に続き、夜はビルの夜景や大観覧車、ガス燈通りのイルミネーションがロマンティックに煌めく。

大型モールで充実ショッピング

神戸ハーバーランド

こうべハーバーランド
MAP 付録P.16-17

中心となるumieはノースモール、サウスモール、モザイクの3棟。南側にある大観覧車やアンパンマンこどもミュージアムも人気。

神阪急電鉄戸線
東海道本線 JR神戸線
阪神本線
中央郵便局前
地下鉄海岸線
神戸駅
阪神高速
3号神戸線
クラウンパレス神戸
ハーバーランド駅 H ノースモール・
サウスモール
ガス燈通り
P.50 神戸煉瓦倉庫
東川崎町

爽快な港の景色が広がる
メリケンパーク（右側）と
神戸ハーバーランド（左側）

（街歩きinformation）

N

新神戸駅
元町駅
三ノ宮駅
神戸のココ

アクセス方法

●電車	●シティーループ
JR元町駅	地下鉄三宮駅前（南行）
⊕徒歩10分	⊕約10分

メリケンパーク

●電車	●シティーループ
JR神戸駅	地下鉄三宮駅前（南行）
⊕徒歩5分	⊕約24分
ハーバーランド	ハーバーランド（モザイク前）

メリケンパークとハーバーランド間
は徒歩15分。シティーループで5分。

↑クルーズで港を一周
するのもおすすめ **➡P.51**

ベイエリア

中突堤筋

3

神戸ポートタワー H

✉ 中央局

波止場町

弁天町

海手バイパス

H ホテル ラ・スイート
　神戸ハーバーランド
　P.134

ホテルオークラ神戸 H
P.135

中突堤中央ターミナル

P.51 神戸リゾートクルーズ
boh boh KOBE

P.51 神戸港周遊
ロイヤルプリンセス

⭐ 神戸ポートタワー P.46
※2024年春ごろ
リニューアルオープン予定

⭐ 神戸港震災
メモリアル
パーク P.66

SC 神戸ハーバーランドumie P.48
（サウス＆ノースモール）

神戸海洋博物館・
カワサキワールド P.47

⭐ メリケンパーク
P.46

2

メリ
ケン
波止
場

P.51
⭐ The KOBE CRUISE
コンチェルト

SC 神戸ハーバーランド
umie（モザイク）P.48

⭐ モザイク大観覧車 P.50

⭐
神戸アンパンマン
こどもミュージアム＆モール P.50

H 神戸メリケンパーク
オリエンタルホテル

神戸港

波止場から神戸港を一望

メリケンパーク

MAP 付録P.16-17

ポートタワーのほか、波の形をし
たメリケンパークオリエンタルホ
テルや帆船のような海洋博物館な
ど、特徴的な建物が目を引く。

開港150年を迎えた歴史あるウォーターフロント

潮風に吹かれて
神戸港・メリケンパーク散策

開港150年を記念して誕生したオブジェや、見どころを歩いて巡る。
港の絶景を眺めながら、話題のカフェでひと休みするのも心地よい。

歩く・観る●ベイエリア

南	西	北	東
ハーバーランドやモザイク、大観覧車のイルミネーション	港町やクルーズ船のターミナル。鉢伏山や遠くに淡路島も	神戸市街が広がる。その先に連なるのは六甲山系の山並み	下にはメリケンパーク、先にはポートアイランドや六甲アイランド

展望階
てんぼうかい

360度の展望歩廊にドキドキ!

リニューアル後、屋上に新設される空中回廊からは360度広がる神戸の街の大パノラマが望める。

神戸ポートタワー

こうべポートタワー

MAP 付録P.17 D-3

鼓形のフォルムが美しい
港町・神戸の真紅のランドマーク

2024年春頃、リニューアルオープンを予定。メリケンパークの一角に天高くそびえ、真紅のカラーリングが印象的な神戸の街を美しく彩るランドマーク。高さ108mのタワーの上層階の展望台からは絶景を望める。

🏠中央区波止場町5-5 🕐休料未定 🚃JR元町駅から徒歩15分 🅿なし(周辺の有料駐車場利用)

全長108m

展望フロア
てんぼうフロア

⤴夜景と食事を楽しめる

新しいポートタワーを体験

光のミュージアムや回転フロアを活用したメリーゴーラウンド・カフェ&バーなど、これまでになかった新しい空間が誕生。

⤴光がテーマの作品を展示するミュージアム

低層フロア
ていそうフロア

神戸らしさを満喫しよう!

4階には屋外テラスが新設され、地元食材が楽しめるカフェレストランがオープン。2階には神戸らしいアイテムや雑貨などを扱うショップが入る。

メリケンパークのオブジェに注目!

メリケンパークにある多くのオブジェ。新たに誕生したオブジェと記念撮影を。

BE KOBE
ビーコウベ

神戸開港150年記念として2017年に作られたオブジェ。開港や震災などさまざまな過去と、これからの神戸の未来を大切にする気持ちが込められている。

神戸港震災メモリアルパーク
こうべこうしんさいメモリアルパーク

阪神・淡路大震災の被害を忘れないために、被災時の様子を残した一角。傾いた街灯などが生々しい。

メリケンシアター

明治時代、神戸では日本で初めて映画が上映され、スクリーンに見立てた記念碑が立つ。

神戸海援隊
こうべかいえんたい

海を見つめる5体の像。江戸末期、勝海舟が発案し、「海軍操練所」の若者たちをイメージして作られたもの。

オルタンシアの鐘
オルタンシアのかね

1989年に開催された「神戸ファッションフェスティバル」を記念して作られた、カラフルなモザイク柄のオブジェ

フィッシュダンス

パークの入口近くにある金属の巨大な鯉は、世界的な建築家フランク・ゲーリーの設計。昭和62年(1987)に神戸開港120年を記念して作られた。

神戸海洋博物館・カワサキワールド
こうべかいようはくぶつかん・カワサキワールド

MAP 付録P.17 E-3

神戸の海や船を身近に感じる港町が誇る博物館

神戸開港120年を記念して、昭和62年(1987)にオープンした博物館。神戸港の歴史や船の仕組みをわかりやすく解説する、スケールの大きい展示が魅力。併設するカワサキワールドでは、川崎重工グループの製品を通して最先端技術を紹介。

☎078-327-8983(神戸海洋博物館)
☎078-327-5401(カワサキワールド)
所 中央区波止場町2-2(メリケンパーク内) 開 10:00～18:00(最終入館は17:30まで) 休 月曜(祝日の場合は翌平日) 料 900円、小人(小、中、高校生)400円 交 JR元町駅から徒歩15分 P なし(周辺の有料駐車場利用)

© Forward stroke inc.

エントランスではロドニー号が出迎える(上)、0系新幹線の客室や運転席に入ることができる(下)

※神戸ポートタワーは2023年10月現在工事中

大きな白い屋根は帆船の帆と波をイメージしており、神戸ポートタワーと並ぶと紅白のコントラストが美しい

立ち寄りスポット

TOOTH TOOTH FISH IN THE FOREST
トゥース トゥース フィッシュ イン ザ フォレスト

毎日焼き上げる自家製パンと、TOOTH TOOTHこだわりの生パスタのランチが人気。

MAP 付録P.12 B-4

☎078-334-1820 所 中央区波止場町2-8 営 11:00(土・日曜、祝日は10:30)～19:30(LO)※季節により変動あり 休 不定休 交 JR元町駅から徒歩10分 P なし

神戸メリケンパークのランドマークにあるベーカリーカフェ(左)、神戸近郊の食材を取り入れた自家製パン(右)

開放的な空間には、大きなランプシェードやアートワークなど人気のフォトスポットも

買い物も食事も楽しめる大型モール

神戸ハーバーランド umie

こうべハーバーランドウミエ

↑レトロな港町に人気のグルメやショップが集まる大型商業施設

トレンドが集まる商業施設で美味と名品を探す

人気ショップと神戸ならではのお店が揃う、海が目の前に広がる大型ショッピングモール。コンセプトは「海・街・人 ここにしかない、きらめき」。ノースモール、サウスモールとモザイクの3つの広いエリアがあり、モザイクには神戸ならではのショップが200店舗以上。青い空や潮風を感じながらショッピングが楽しめると神戸っ子たちにも人気。お気に入りの店を調べてショッピングに出かけたい。

MAP 付録P.16 B-3/C-3

☎078-382-7100 ⓐ中央区東川崎町1-7-2 ⓣ10:00～20:00(店舗により異なる) ⓗ無休 ⓐJR神戸駅/地下鉄・ハーバーランド駅から徒歩5分 ⓟあり

	ノースモール	サウスモール	モザイク
6F	家具・電化製品	映画館	
5F	書籍・ファッション	映画館	
4F	フードコート/インテリアなど	ファッション	連絡通路
3F	インテリア/ファッション	ファッション	飲食店
2F	ファッション	ファッション	飲食店／各種ショップ
1F	スーパー	ファッション	飲食店／駐車場
B1	スーパー	生活雑貨／軽食	

神戸ブランド亭 モザイク2F

こうべブランドてい

神戸の美食を手ごろな値段で

厳選された神戸牛や瀬戸内の魚介など、兵庫県の特産が堪能でき、シェフの創作料理と、ゆったりとした空間に至福の時を過ごせる。隣接するスーベニアショップには、神戸のみやげが並ぶ。

☎078-360-1516 ⓣ11:00～21:30(LO) ⓗ無休

予約	不要
予算	1000円～

↑一番人気の神戸牛シチューは見た目も豪華な一皿

↑オリジナルドレッシング460円(1本)。フレンチ、抹茶、トマト、ニンジンなど、素材の味を生かしている

MACCHA HOUSE 抹茶館 モザイク2F

マッチャ ハウス まっちゃかん

落ち着いた雰囲気の抹茶カフェ

京都の日本茶の老舗「森半」の抹茶を使用したカフェ。和を取り入れた空間の店内で、お茶やラテ、ソフトクリームやパフェなどのスイーツが味わえる。

☎078-366-5951 ⓣ10:00～21:30(LO) ⓗ無休

予約	不要
予算	817円～

↑温かみのある木目調の店内は広々としておりゆったり甘味を楽しめる

↑アイス抹茶などの日本茶メニューは和菓子付きで640円～

↑小振りの四角い升に入ったとろける宇治抹茶ティラミス700円

↑ホットとアイスが選べる抹茶チョコレートラテ800円(写真はアイス)

↑抹茶ラテの上に白玉とあずき、ソフトクリームをのせたあずき白玉フロート900円

↑濃厚抹茶のソフトクリームがのったボリューム満点の抹茶館パフェ1200円

↑牛ホホ肉の赤ワイン煮込みパスタ〜サラダ・スープセット〜1650円（ランチ）

予約	不要
予算	(L)1320円〜
	(D)1800円〜

神戸フランツ カフェ umieモザイク店 　モザイク3F
こうべフランツ カフェ ウミエ モザイクてん

海と山、神戸の魅力を一望

一面の窓から神戸の景色を楽しみながらスイーツはもちろん、シェフ自慢のイタリアンをリーズナブルに楽しめる。お天気のいい日はオープンカウンターで一杯もおしゃれ。

☎078-360-0107 🕐11:00〜22:00（LO20:00、土・日曜、祝日LO20:30）🈂無休

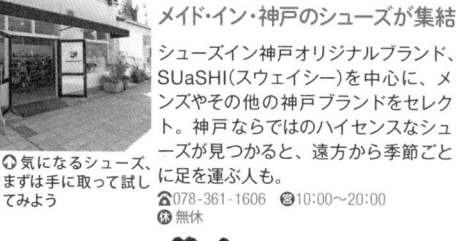

↑窓際のペアシートに座り行き交う船を眺める贅沢を

Eggs 'n Things 神戸ハーバーランド店　モザイク2F
エッグスン シングス

予約	不要
予算	1500円〜

目の前は海、潮風を感じながら味わう

テラス席から神戸港を行き交う船を見ながら、海の向こうのハワイでも大人気のパンケーキやワッフルに舌鼓。夜景を楽しみながらのディナーもおすすめ。

☎078-351-2661 🕐9:00〜21:00（LO）🈂不定休

↑ボリューム満点のハワイアンフードが味わえる

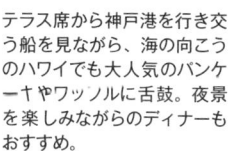

↑気分は南国。神戸ならではのテラス席が素敵

↑ハワイアンテイストの落ち着いた店内

シューズイン神戸　モザイク2F
シューズインこうべ

メイド・イン・神戸のシューズが集結

シューズイン神戸オリジナルブランド、SUaSHI（スウェイシー）を中心に、メンズやその他の神戸ブランドをセレクト。神戸ならではのハイセンスなシューズが見つかると、遠方から季節ごとに足を運ぶ人も。

☎078-361-1606 🕐10:00〜20:00 🈂無休

↑気になるシューズ、まずは手に取って試してみよう

↑本革メンズシューズ「EASE」。抜群のクッション性と軽さが人気のシリーズ。リピーター続出の人気ブランド

←まるで「素足」でいるかのような唯一の履き心地を求めて生まれた、足を包み込むストレスフリー・パンプス「SUaSHI」（スウェイシー）

EAVUS KOBE　モザイク2F
アヴース コウベ

神戸発、個性派バッグが勢揃い

デザイン性、実用性、オリジナリティを兼ね備えた神戸発信のバッグブランド。お店はここだけ、オンラインでは買えないアイテムも。新しいデザインも追加され、常に新鮮な品揃え。

☎078-360-2329 🕐10:00〜20:00 🈂無休

↑ほかとは違う自分らしいバッグを探せる

→丈夫なバイオ加工のリネンと水やキズに強いコーティングレザーとのコラボ（右）、ハンドルの長さ調節でトートと肩掛けの2ウェイ、ポケットもたくさんで使いやすい（左）

←ちらっと見えるところの差し色がオシャレ。持っているだけでワクワクするウォレット

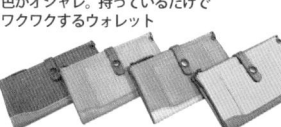

↑ユニセックスで愛用できるアイテムも

遊べるスポット 神戸の港は魅力満載

もっと楽しみたいハーバーランド

ハーバーランドには、家族や友だちと遊べるスポットが点在。
買い物や食事のあとに、神戸港をもっと散策してみよう。

神戸煉瓦倉庫

こうべれんがそうこ

MAP 付録P.16 B-4

海沿いの異国情緒を演出する
歴史ある赤煉瓦造りの倉庫

2棟の赤煉瓦倉庫は、1890年代後半に建造され、神戸港に到着した貨物の倉庫として活躍。現在はステーショナリーや家具のショップ、レストランが入り、散歩途中に立ち寄りたい。

🏠店舗により異なる 📍中央区東川崎町1-5-5 🕐店舗により異なる 🚃JR神戸駅/地下鉄・ハーバーランド駅から徒歩5分 🅿あり 🌐www.kobe-renga.jp/

↑海の目の前にたたずみ神戸港の歴史を見守る

↑オールドスパゲティファクトリー神戸店でランチを楽しめる

↑神戸モダンなハーバーランドで日本の粋、お香を販売する有馬香心堂。港散策の思い出に好みの香りを

↓夜になるとライトアップされる赤煉瓦倉庫。オレンジ色のライトが幻想的

神戸アンパンマン こどもミュージアム＆モール

こうべアンパンマンこどもミュージアム＆モール

MAP 付録P.16 C-4

アンパンマンの世界を体験！
ここでしか買えない限定グッズも

アンパンマンのステージほか、アニメでおなじみの世界を体験できるミュージアム（有料）。入場無料で楽しめるショッピングモールには、限定グッズやフードが勢揃いする。

☎078-341-8855 📍中央区東川崎町1-6-2 🕐10:00～18:00（ミュージアム入館は～17:00）🔧メンテナンス休業あり 💴ミュージアム2000円～（1歳以上）、ショッピングモールは入場無料 🚃JR神戸駅から徒歩8分 🅿なし

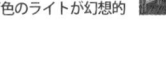
↑ジャムおじさんのパン工場ではキャラクターパンを毎日手作り420円～

↑ミュージアムにはフォトスポットや大人にもおすすめのグッズも

モザイク大観覧車

モザイクだいかんらんしゃ

MAP 付録P.16 C-4

観覧車に乗って
神戸の夜景を独り占め

ハーバーランド内にあり、神戸の景色を360度楽しむことができる人気スポット。高さ50mからの景色は、神戸市街や、六甲山系の大自然を楽しめる。夜のライトアップや、日没後のゴンドラから見る夜景も格別。

↓ライトアップには約12万個のLEDが使われており、色とりどりの模様に加え、ヨットや風見鶏のアニメーションも映る

☎078-382-7100 📍中央区東川崎町1-6-1 🕐10:00～22:00 🔧無休 🚃JR神戸駅/地下鉄・ハーバーランド駅から徒歩8分 🅿あり

↓ショッピングモールに併設された観覧車は、デートだけでなく家族や友だちとも楽しめる

海から山並みや街並みを眺める
神戸港 海風のクルーズ

美しい港をさらに満喫するには、
豪華な船でクルージングに出かけたい。
海から見る街並みや、
光輝く1000万ドルの夜景は格別。

もっとハーバーランド／クルーズ

新しい体験や感動を味わえる船旅へ

神戸リゾートクルーズ
boh boh KOBE
こうべリゾートクルーズ ボー ボー コーベ

MAP 付録P.17 D-2

六甲山系や大阪湾が見渡せる2020年就航のクルーズ。開放的な3階オープンデッキからは神戸空港を離発着する飛行機を間近に見られることも。

●船上で海洋療法体験！心も身体も健康になれる

●海景色を眺めながら心地よい船旅を楽しみたい

発着場所:中突堤中央ターミナル5番
☎0120-370-764(神戸シーバス) ●9:00〜18:30(13:00、15:00)※11:00、17:00は臨時便、季節によりダイヤ変更あり **休**不定休 **料**1800円

夕陽と夜景。地上にないひとときを

THE KOBE CRUISE
コンチェルト
ザ コウベ クルーズ コンチェルト

MAP 付録P.16 C-3

青空と海、夕陽と夜景、神戸ならではの景色を眺めながら、食事を楽しめるレストランクルーズ船。

●明るい雰囲気のレストランで食事を楽しめる

発着場所:神戸ハーバーランドumie モザイク1F
☎050-5050-0962 ●12:00〜14:00(ランチクルーズ)、14:30〜16:00(ティークルーズ)、4〜9月17:15〜19:00／10〜3月16:30〜18:15(トワイライトクルーズ)、4〜9月19:30〜21:15／10〜3月19:15〜21:00(ナイトクルーズ) **休**不定休 **料**8700円(ランチクルーズ)、4200円〜(ティークルーズ)、1万2500円(トワイライトクルーズ／ナイトクルーズ) ※乗船料、食事代込

関西最大級の豪華さを誇る遊覧船

神戸港周遊
ロイヤルプリンセス
こうべこうしゅうゆう ロイヤルプリンセス

MAP 付録P.17 D-2

港の潮風を感じながらの夜景や、真紅の神戸大橋を真下から見るコースがある。神戸ならではの景色を40分間のクルージングで満喫。

●広々とした船内には最大500名が乗船できる

発着場所:中突堤中央ターミナル
☎078-360-0039(神戸ベイクルーズ) ●10:45〜16:45(9:45、17:45、18:45は臨時便) **休**不定休 **料**1500円

●2階へ続く中央階段も遊覧船とは思えない豪華さ

↑神戸の夜景を一望できる
ルーフトップエアのテラス

歩く・観る●ベイエリア

きらきら輝く街の光のなか

海辺の夜景レストラン

ライトアップされた神戸ポートタワーや観覧車が建つ海側の景色、無数の街の明かりがきらめく山側の景色。
両面の絶景を同時に楽しめる神戸らしさを、海辺のレストランから満喫しよう（◎夜景スポットはP.24で紹介）。

オリジナルカクテルと
神戸の夜景に酔いしれる

VIEW BAR
ビューバー

MAP 付録P.17 D-4

神戸メリケンパークオリエンタルホテルの最上階にある、神戸の絶景を楽しめるバー。オーセンティックな店内、オープンエアを満喫するテラスで、季節や時間による変化を楽しむ大人の時間を過ごしたい。

☎078-325-8110
（10:00～17:00）
⑰中央区波止場町5-6 神戸メリケンパークオリエンタルホテル14F　⊙18:00～24:00
（LO23:30 フードの一部21:00）　⊗無休
⊗JR元町駅から徒歩15分　Ｐあり

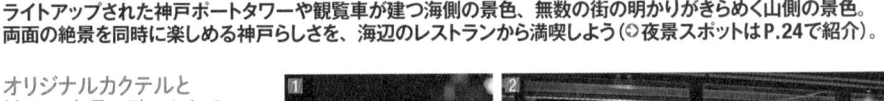

1.季節に合わせたフルーツカクテル
2.観覧車や神戸の夜景を目の前に望むカウンターで過ごす贅沢なひととき　3.店内はオーセンティックな雰囲気で、週末の金・土曜限定でミュージックライブも開催される

夜は100種類以上のシングルモルトや厳選したヴィンテージワインが並ぶ

美しいジャズの音色と
港の景色に包まれる

LOUNGE & BAR
GRAND BLEU

ラウンジ＆バーグラン・ブルー

MAP 付録P.16 C-2

昼はティータイム、夜はカクテル
アワーを楽しめるホテル ラ・スイ
ート神戸ハーバーランド（P.134）
の直営ラウンジ＆バー。ジャズラ
イブの音楽と目の前に広がる夜景、
こだわりのカクテルを片手に、極
上のひとときを過ごしたい。

☎078-371-1188
⑰中央区波止場町7-2 営カフェ11:30〜
17:30、ランチ11:30〜15:00（LO14:00）、
バー17:30〜23:30(LO) 交地下鉄・みな
と元町駅から徒歩4分／JR神戸駅から徒
歩10分 Pあり

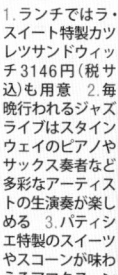

1. ランチではラ・
スイート特製カツ
レツサンドウィッ
チ3146円（税サ
込）も用意　2.毎
晩行われるジャズ
ライブはスタイン
ウェイのピアノや
サックス奏者など
多彩なアーティス
トの生演奏が楽し
める　3.パティシ
エ特製のスイーツ
やスコーンが味わ
えるアフタヌーン
ティー

優美な装飾のビルが神戸開港の歴史を語る

旧居留地

きゅうきょりゅうち
MAP 付録P.13・14

神戸に移住した外国人がつくったハイカラな街。
レトロ建築に最新のファッションが集まり、
新旧がおしゃれに交じり合った歴史と文化の街。

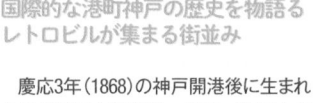

↑レトロな洋館と最新のレストランやショップが共存する神戸随一のおしゃれなエリア

国際的な港町神戸の歴史を物語る
レトロビルが集まる街並み

　慶応3年（1868）の神戸開港後に生まれたのが外国人居留地。当時、外国人の居住や交易はこの居留地内に限られていた。英国人技師の設計により、碁盤目状の道路にコロニアル調の商館や倉庫の並ぶ欧風タウンがつくられ、その美しさは東洋一と称賛を浴びた。

　明治32年（1899）の居留地廃止後は神戸のビジネス街に発展。明治から昭和前期に、アメリカン・ルネサンスやアール・ヌーヴォー調の近代洋風ビルが建設された。

　のちにビジネス停滞期を迎えるが、1980年代に歴史建築を見直す旧居留地ブームが到来。大丸神戸店が昭和初期建築の38番館ビルを別館に活用し、有名ブランド店も次々とレトロビルに出店。優雅なファッション街に変貌した。唯一の旧居留地時代の商館・旧神戸居留地十五番館をはじめ、今やムード満点のグルメスポットでもある。

↑有名ブランドショップがたくさん並ぶ

←レトロビルには素敵な写真スポットが（左）、まるで外国にいるかのような雰囲気（右）

街歩きのポイント

港の薫り漂う
レトロな街を散歩

高級感あふれる
カフェとショップ

街歩きinformation

新神戸駅
元町駅 三ノ宮駅

神戸のココ

アクセス方法

●電車

JR元町駅	地下鉄旧居留地・大丸前駅
⏱徒歩10分	⏱徒歩3分

旧居留地

●シティーループ

地下鉄三宮駅前（南行）	
⏱約6分	⏱約3分
元町商店街（南京町前）	市役所前

旧
居
留
地

わ重厚な趣のある38番館
旧居留地でもひとき

元町駅↑
旧居留地・大丸前駅
三ノ宮駅↑
三宮・花時計前駅

南京町→P.68
元町通1
京町筋

元町通
東急REI
★旧居留地38番館 P.56
大丸神戸店 P.56
P.57
★神戸朝日ビルディング
P.97
グリル十字屋

地下鉄海岸線
P.59 カフェラ 大丸神戸店
市役所前

栄町通・
海岸通→P.88
栄町通1
P.61 SPITIFARO KOBE
P.57 旧神戸居留地十五番館 ★
P.58 TOOTH TOOTH maison 15th
P.59 ニューラフレア
P.61 ANNE SLOW

C PATISSERIE TOOTH TOOTH
サロンドテラス旧居留地38番館 P.59
P.99 Bar & Bistro 64
P.60 3 ET DEMI
P.57/P.64
オリエンタルホテル

神戸市役所
フラワーロード

★高砂ビル P.57

市役所南

メリケン波止場前
P.56
商船三井
ビルディング
BLUE BLUE
KOBE P.61
★神戸市立博物館 P.66

東遊園地

阪神高速3号神戸線
神港ビルヂング ★
P.56
海岸通

★チャータードビル P.57

H ホテルオークラ神戸 P.135
京橋

浜手バイパス
★神戸海軍操練所跡の碑 P.63

京橋南詰
京橋出入口
税関前

55

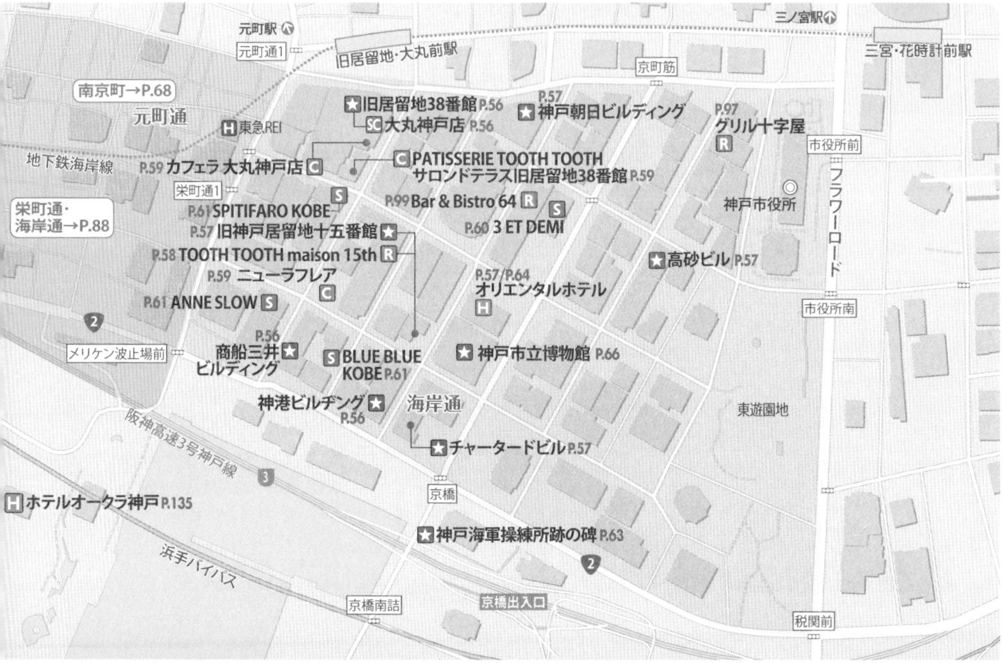

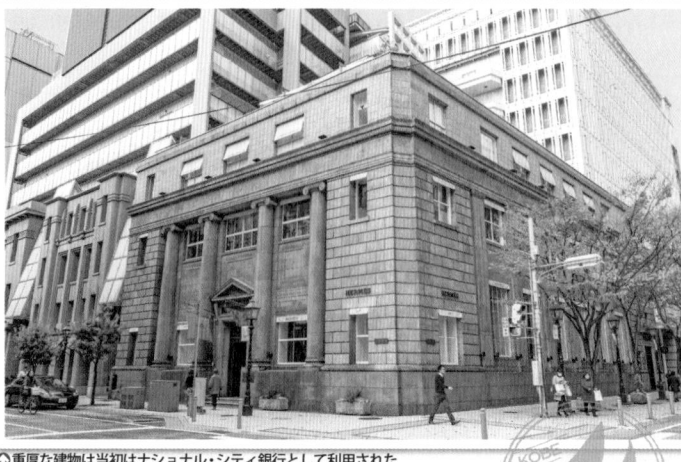

旧居留地38番館
きゅうきょりゅうちさんじゅうはちばんかん

**重厚な石積みの建築は
旧居留地の象徴的存在**

昭和4年（1929）に建てられたア
メリカン・ルネサンス様式のビル。
現在は大丸神戸店の別館とし
て有名店が入る。

MAP 付録P.13 D-1

☎078-331-8121（大丸神戸店）
🏠中央区明石町40
🕐11:00～20:00（店舗により異なる）
❌不定休（店舗により異なる）
🚉JR元町駅から徒歩5分

↑重厚な建物は当初はナショナル・シティ銀行として利用された

優美な街に満ちたロマンに浸る
レトロ建築ぶらりさんぽ

かつて東洋一美しいと称された神戸居留地には、
歴史的な建物も多く、映画のワンシーンに溶け込んだよう。

大丸神戸店
だいまるこうべみせ

**旧居留地入口に建つ
人気百貨店**

「クラシック＆モダン」をデザインコ
ンセプトに1997年復興グランドオー
プン。

MAP 付録P.13 D-1

☎078-331-8121　🏠中央区明石町40
🕐10:00～19:00（店舗により異なる）
❌不定休（店舗により異なる）
🚉JR元町駅から徒歩3分
する

商船三井ビルディング
しょうせんみついビルディング

**美しいたたずまいで
海岸通沿いで抜群の存在感**

大正11年（1922）建築。荒い石積みの下層
とすっきりとした上層の対比が印象的。
1階には大丸の専門店が入る。

MAP 付録P.13 D-3

🏠中央区海岸通5　🚉JR元町駅から徒歩6分
🔄細部の装飾も見逃さずに

↑屋上の塔屋は夕方からライトアップされ、昼
間とは異なる雰囲気を味わえる

神港ビルヂング
しんこうビルヂング

**アール・デコ調の
現役オフィスビル**

昭和14年（1939）に建設された、モダン
でスマートな雰囲気を醸し出すクラ
シックデザインのビル。

MAP 付録P.13 E-3

🏠中央区海岸通8
🚉JR元町駅から徒歩7分

旧居留地の街づくりをリード

チャータードビル

⤴昭和13年（1938）に完成したもの

**建物正面に立つ
3本の列柱が特徴**

英国系チャータード銀行の神戸支店として建てられた。柱頭飾りが施されたイオニア式の円柱が特徴的。

高砂ビル
たかさごビル

**レトロなビルを利用した
クリエイティブ空間**

昭和24年（1949）に建設。現在は貸しスタジオや貸しホール、ショップなどに使われている。

MAP 付録P.14 B-2
㊞中央区江戸町100
㊞JR三ノ宮駅から徒歩8分

⤴映画のロケもたびたび行われている

オリエンタルホテル

**神戸のシンボルだったホテル
の歴史と伝統を受け継ぐ**

明治3年（1870）創業の、日本で最も古いホテルのひとつ。神戸を代表する社交場として歴史を歩み、現在もその風格をたたえている。

MAP 付録P.13 F-3
㊞中央区京町25
㊞JR元町駅から徒歩8分

⤴下層階は高級ブランドショップ、上層階がホテルとなっており、最上階からは街が一望できる

旧神戸居留地十五番館
きゅうこうべきょりゅうちじゅうごばんかん

旧居留地に現存するなかで最も古い建築

明治13年（1880）頃に建設された旧居留地に残る唯一の商館。アメリカ領事館としても使用され、現在はカフェに。

MAP 付録P.13 E-3
㊞中央区浪花町15
㊞JR元町駅から徒歩6分

⤴遠い明治に思いを馳せながら、食事やお茶が楽しめる

建物所有者・（株）ノザワ

神戸朝日ビルディング
こうべあさひビルディング

**レトロ建築と高層ビルを融合し
新たな調和を生み出す**

映画館が入っていた神戸朝日会館を、1994年に高層ビルとして再建。下層階は、再建前の外観イメージを復元している。

MAP 付録P.13 F-1
㊞中央区浪花町59番地　㊞JR元町駅から徒歩6分

⤴現在も映画館が入り、多くの人が集まる

昔「外国」だった街は新しくて懐かしい
レトロ建築でお茶やお食事

古い時代の趣を残したまま居心地のよい空間に改装した店、
レトロな街の雰囲気に見事に溶け込んだ店、
ゆったりとした時の流れに、身をまかせたい。

国の重要文化財に指定された
旧神戸居留地十五番館で優雅に過ごす

TOOTH TOOTH maison 15th
トゥース トゥース メゾン じゅうご

MAP 付録P.13 E-3

旧外国人居留地時代に建てられた商館として現存する建物。明治13年（1880）頃にアメリカ領事館として使用されたコロニアル様式の建物は、柱や内装、装飾も当時のもの。クラシカルな空間でゆったり過ごし、シェフ特製のランチやディナーを楽しみたい。

☎078-332-1515
所中央区浪花町15 旧神戸居留地十五番館1-2F
営11:00～22:00、ランチは～LO13:30、アフタヌーンティー15:00～17:30（要予約）、ディナー17:30～19:30（LO） 休無休 交JR元町駅から徒歩6分／JR三ノ宮駅から徒歩8分 P なし

1.当時の趣のままの建物は1・2階合わせて80席。パーティやイベントもできる 2.神戸に現存する明治時代の商館は国指定重要文化財に指定されている 3.季節により異なる味わいが楽しめるアフタヌーンティーセット1名4290円（税込・2名～、完全予約制）
建物所有者・（株）ノザワ

本場イタリアのバールを再現
ラテアートもオーダーできる

カフェラ 大丸神戸店

カフェラ だいまるこうべみせ

MAP 付録P.13 E-1

コリドールと呼ばれる回廊のオープンテラスをおしゃれに利用したオープンカフェ。ミラノのバールそのままの雰囲気が、クラシック&モダンな旧居留地の街並みに溶け込んでいる。専属のバリスタが淹れてくれるカプチーノやエスプレッソがおすすめ。

1. コリドールを利用した人気のオープンカフェ
2. かわいいデザインのラテアート。オーダーも可
3. 天気の良い日はテラス席でくつろぎたい

☎078-392-7227
所中央区明石町40 大丸神戸店 営9:45〜21:00(LO20:30) 休不定休(大丸神戸店に準ずる) 交地下鉄・旧居留地・大丸前駅からすぐ／JR元町駅から徒歩5分 Pあり

上質なパティスリーで
お菓子と料理を味わう幸せのひととき

PATISSERIE TOOTH TOOTH サロンドテラス旧居留地38番館店

パティスリー トゥース トゥース サロンドテラス きゅうきょりゅうちさんじゅうはちばんかんてん

MAP 付録P.13 E-1

彩り鮮やかなケーキはもちろん、デザートやフードメニューも充実のパティスリーサロン。開放感のあるテラスで、季節の素材を大切にしながら丁寧に作られたデザートを堪能したい。

1. ベーコンとくるみの カボチャクリームパスタ
2. 播州赤たまごと神戸ポークハムのガレットコンプレ 自家製カシスコンフィチュール添え
3. 旧居留地の街に溶け込むテラス席でくつろげる

☎078-331-2460
所中央区明石町40 旧居留地38番館4F 営11:00〜20:00(LO フード19:00 カフェ19:30) 休不定休(大丸神戸店に準ずる) 交地下鉄・旧居留地・大丸前駅からすぐ／JR元町駅から徒歩5分 Pあり

注目スポット

ニューラフレア

旧居留地のレトロビルが一棟まるごとカフェとなってリニューアルオープン。ランチ、ディナー、カフェ利用やイベントスペースとしても活躍。

MAP 付録P.13 D-2
☎078-333-0808
所中央区明石町18-2 営11:00〜22:00 休不定休 交JR元町駅から徒歩8分 Pなし

華やかな盛り付けにときめくいちごとベリーのパンケーキ1380円

さまざまなデザインのソファ席が人気

昔も今もトレンド発信
大人のセレクトショップ

レトロな街は、高級ブランドのブティックや、最新トレンドを発信する個性派ショップが集まる
ファッションの街でもある。目につきにくい小さな店も多いので、見逃さないようにご注意を。

3 ET DEMI
キャズ エ ドゥミ
MAP 付録P.13 F-2

**大人だってかわいいものが好き
日常使いできる特別なアイテム**

店内に入るとフィンランドの森にある小屋をイメージしたという試着室が目を引く店内。ミナ・ペルホネン、エバゴス、ホームスパン、アンティパスト、ドット＆ストライプスなどのおすすめアイテムや別注品、オリジナルなどを展開している。

☎078-334-2378
所中央区京町69 第一生命ビル1F
⏰10:00〜18:30　休無休
🚉JR三ノ宮駅から徒歩8分　Pなし
URL www.3etdemi.jp

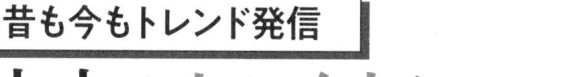

↟「エバゴス」ブランドの人気商品。防水キャンバスかご袋（黒）。4万9000円（税別）

↟「ミナ・ペルホネン」の人気のバッグシリーズ。tambourine ショルダーbag（大）3万円（税別）

↟「シューシャ」の手作業生産の靴。ベルベットMARY JANE（WISTERIA）1万7000円（税別）

↟ウインドー越しに見えるキュートなアイテム。つい歩みを止めてしまいそう

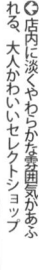
店内に淡くやわらかな雰囲気があふれる。大人かわいいセレクトショップ

SPITIFARO KOBE
スピティファーロ コウベ

MAP 付録P.13 D-2

人気のバレエシューズの
フィッティングができる

旧居留地で10年以上愛されてきた「自立した大人の半歩先」を提案するアパレルショップ。国内外からセレクトしたアイテムに加え、Kurun TOKYOのフィッティングサロンを併設した新業態。ライフグッズも充実している。

☎078-381-9643 所中央区明石町31-1 TESTA神戸旧居留地3F 営12:00～20:00 日曜・祝日11:00～19:00 休不定休 交地下鉄・旧居留地・大丸前駅から徒歩3分 Pなし

↑こだわりのセレクトアイテムが並ぶ

↑「軽い、やわらかい、疲れにくい」という、究極の履き心地を実現したバレエシューズが揃う

↑神戸らしい洗練されたスタイルを提案する

↑オリジナルティのおもてなしを受けながらゆっくりできる空間

BLUE BLUE KOBE
ブルーブルー コウベ

MAP 付録P.13 D-3

デニム・マリン・インディゴ
港町神戸はブルーの色使いで

身につけるほどに美しく変化していくデニムとインディゴブルーにこだわり、素朴でベーシックな究極のデイリーウェアを追求する「BLUE BLUE」の直営店。オリジナルを中心に、ユニセックスなカジュアルウェア、靴、鞄、アクセサリー、雑貨などが揃う。港町神戸をイメージした限定品も扱う。

☎078-954-8812 所中央区海岸通6番地 建隆ビルII 営11:00～19:00 休無休 交JR元町駅から徒歩8分 Pあり

↑白壁に青いロゴが映える

ANNE SLOW
アーン スロー

MAP 付録P.13 D-3

モードコンシャスなセレクトで
大人女性に上質の「カワイイ」を

ディテールやテキスタイルにデザイナーの思いがこめられたブランドやベーシックな商品を国内外から選りすぐって展開。ソックスブランドのアンティパストや日本が誇る良質ニット・カットソーウェアをはじめ、アーンスローオリジナルブランドも。

☎078-332-1557 所中央区海岸通4 新明海ビル102 営11:00～19:30 休無休 交JR元町駅から徒歩8分 Pなし URL www.anne-slow.com

↑少し背伸びして着るのも楽しい大人のエレガンス。センスあふれるセレクトショップ

↑カトリーヌアンドレのエレガントなニットのマルチカラーコート

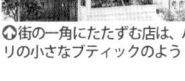
↑街の一角にたたずむ店は、パリの小さなブティックのよう

↑大人かわいいアンティパストの靴下。お気に入りを見つけたい

↑デニムを中心に、ワーク・ミリタリー・マリンテイストのウェアや雑貨が揃う

ハイカラな港町に残る時の波の跡を訪ねる

ミナト神戸の歴史航路

神戸の人々は開放的で新しいもの好きといわれる。その精神を培った、港町としての時の積み重ね。街のあちらこちらに残る時代の証人を訪ねてまわり、その歴史を紐解こう。

古代〜鎌倉時代

1800年前から海と密接
港町の始まり

旧石器時代から人が住み、神功皇后の時代を経て奈良時代からは大輪田泊として発展していく

　神戸に古代人が居住し始めたのは、東石ケ谷遺跡から発掘された遺物から判断して約2万年前と推定される。三韓征伐の逸話で知られる神功皇后が稚日女尊を祭神として祀る生田神社は201年の創建とされる式内社。県最大の前方後円墳五色塚は『日本書紀』の記事にもあり、4世紀末〜5世紀初頭の築造とされる（現在は当時の姿に復原）。

　奈良時代に行基が築いたとされる大輪田泊（現・神戸港の一部）は重要な港湾として修築を繰り返したが、承安3年（1173）に行われた平清盛による大規模な修築がよく知られ、これにより日宋貿易の振興を図った。治承4年（1180）には清盛はこの大輪田泊を南に見下ろす福原に遷都を強行するが、失敗に終わる。鎌倉時代には兵庫津と呼ばれ、室町時代になると日明貿易の拠点となった。

歩く観る●歴史

神戸の礎をつくった平清盛

清盛の熱い思いが難工事を完成に導く

　清盛は仁安3年（1168）に出家して福原の別荘に隠居するが、平家にとって莫大な利益を生む日宋貿易をさらに推進させるために大輪田泊を大修築する。竣工は安元元年（1175）で、この人工島は「経が島」と呼ばれた。鎌倉時代には大輪田泊は兵庫津と名を変えて国内有数の港となり、神戸港へとつながる。

清盛塚
きよもりづか

兵庫区 **MAP** 付録P.2 B-4

大輪田泊があった兵庫区に残る、十三重の鎌倉期の石塔。清盛の遺骨が納められていると長く伝えられていた。大正になってからの調査で遺骨は発見されず、墳墓ではなく供養塔であると考えられている。

🏠兵庫区切戸町1
🕐休🈁見学自由
🚃JR兵庫駅から徒歩15分 🅿なし

生田神社
いくたじんじゃ

三宮・元町 **MAP** 付録P.6 B-4

三宮の繁華街に鎮座する古社。8世紀末の生田川の氾濫に伴い、現在の新神戸駅北の山から現在地へ移って以来、街の中心で多くの参拝者を迎え続けている。神戸という地名は、朝廷より神社を世話する家、守る家である「神戸」44戸をいただいたことから生まれたという、まさに神戸始まりの地。

☎078-321-3851 🏠中央区下山手通1-2-1 🕐休🈁見学自由 🚃JR三ノ宮駅から徒歩10分 🅿50台（有料）

源平の合戦と南北朝の時代へ
古戦場としての神戸

**平家滅亡を決定づけた一ノ谷の戦い、
南北朝時代を生んだ尊氏と正成・義貞の激突**

後白河法皇の平家追討の宣旨を受けた源頼朝は元暦元年(1184)、義経と範頼の軍を福原に陣を構える平氏を攻撃させた。人手軍を率いた範頼は生田の森で激戦を繰り広げ、70騎を率いる義経は一ノ谷の鵯越に向かい、いわゆる坂落としの奇襲で一ノ谷を落とした。この一ノ谷の戦いが平氏滅亡の契機となった。生田の森で奮戦した梶原景季をめぐる風流な「箙の梅」の話は謡曲にもあり、よく知られる。

建武3年(1336)にはこの一帯で湊川の戦いがあった(湊川はかつて神戸市街地を流れていた川)。足利尊氏と後醍醐天皇側の楠木正成・新田義貞軍との激戦で、これにより勝利した尊氏は室町幕府をつくり、北朝をたて、敗れた後醍醐天皇は吉野に居を移し、南朝を開いた。

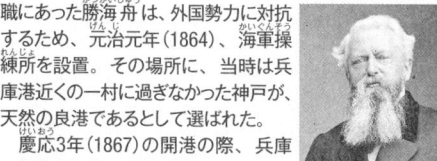
◎湊川公園にある楠木正成像

衰退していたが江戸時代に再興
兵庫港の発展。開港へ

**江戸時代、西廻海運の北前船が賑わいをみせる
末期には欧米諸国に向けて開港を実施**

応仁の乱で兵庫津は壊滅・衰退するが、江戸期になると幕命により河村瑞賢が西廻海運を整備し寄港地として再生。北前船により北方の物資も多く運び込まれ大いに栄えた。司馬遼太郎の『菜の花の沖』にも書かれた高田屋嘉兵衛は、廻船問屋として活躍する以前、兵庫港で下働きをしていた。

時代は下り江戸末期の安政5年(1858)6月、江戸幕府はアメリカ駐日総領事ハリスと日米修好通商条約を締結。これにより兵庫を含む5港の開港が決定した。幕府軍艦奉行の役職にあった勝海舟は、外国勢力に対抗するため、元治元年(1864)、海軍操練所を設置。その場所に、当時は兵庫港近くの一村に過ぎなかった神戸が、天然の良港であるとして選ばれた。

慶応3年(1867)の開港の際、兵庫ではなく神戸に居留地が置かれたのは、外国勢力も同じく良港と認めたこと、操練所の施設が利用できることなどが理由だったと推測されている。

◎日米修好通商条約を締結したハリス〈アメリカ議会図書館所蔵〉

敵将・足利尊氏も一目を置く楠木正成

智・仁・勇の三徳を備え、聖人と仰がれた楠木正成公。楠公精神は時代を問わず敬慕され、幕末になると正成公の墓碑には吉田松陰や坂本龍馬などが訪れ、倒幕派佐幕派問わず志士の精神の拠所となった。

湊川神社
みなとがわじんじゃ

神戸駅周辺 **MAP** 付録P.4 A-3

楠の緑に覆われた都会のオアシスで、聖地の名にふさわしい場所。境内の「楠公殉節地」「楠公墓所」は国指定の文化財史跡となっている。楠公墓碑「嗚呼忠臣楠子之墓」は光圀公の自筆によるもの。

☎078-371-0001 ㊟中央区多聞通3-1-1 ㊟㊟㊟見学自由 ㊠JR神戸駅から徒歩3分 ㋺あり

生田の森
いくたのもり

三宮・元町 **MAP** 付録P.6 B-4

生田神社境内にある森。かつては旧生田川(現在のフラワーロード)まで広がる、大きな森だったという。古来からよく知られ、数々の和歌にもうたわれている。

㊟生田神社境内

　徳川家茂の直命で設置

欧米列強と対等に接するには海軍の充実が必須と考えた勝海舟が、14代将軍家茂に進言して神戸に完成したもので、いわば海軍士官養成機関といえる。幕臣ばかりでなく反幕府派の藩士の入所も認められていた。禁門の変をめぐって勝は罷免され、同所もわずか1年足らずで廃止されてしまうが、維新の志士・坂本龍馬のほか、日清戦争時の外務大臣・陸奥宗光、日露戦争時の海軍大将・伊東祐亨らを輩出した。

神戸海軍操練所跡の碑
こうべかいぐんそうれんじょあとのひ

旧居留地

MAP 付録P.13 E-4

旧居留地から海側に進んだ第一突堤の北に、大きな錨の碑が置かれている。新港町周辺に設立された操練所は、敷地1万坪以上という大規模なものであった。

㊟中央区新港町 ㊠JR三ノ宮駅から徒歩15分

⊙絵はがきに残る居留地と海岸通の風景。大正時代のもので正面奥に見えるのは大正7年（1918）建造の日本郵船（現在の神戸郵船ビル）〈絵葉書資料館蔵〉

明治〜大正 | ハイカラ文化の入口へ

東洋一の港町の誕生

東洋一美しいと讃えられた居留地を中心に貿易港として発展していく

　開港場となった神戸には居留地が設けられ、外国人の営業が認可された。居留地の街並みは明治元年（1868）、英国人技師ハートの計画的設計によって126区画の西洋的な美しい都市空間として誕生した。あらゆる西洋の文物が持ち込まれ、国際都市としての神戸が始まった。

　明治にかけて神戸港は発展を続け、明治後期の神戸港の貿易額は全国の40%ほどを占めるまでになり、日本にとどまらず東洋でも最大の港となった。日清戦争や第一次世界大戦の需要を受け、造船や鉄鋼など工業も発達。市の人口は大正9年（1920）には60万人を超えた。

外国人居留地は海沿いにあった。また、三ノ宮駅は現在よりも元町寄りに位置した

生田神社卍　　鉄道　新生田川
兵庫県庁●　　　　　　外国人墓地
　　三ノ宮駅
　　外国人居留地●
湊川神社卍
　神戸駅
長田神社卍
N

明治初めの神戸

神戸大学附属図書館蔵『兵神市街之図 1880（明治13）年』をもとに作成

旧神戸居留地十五番館
きゅうこうべきょりゅうちじゅうごばんかん　⊙P.57
旧居留地 MAP 付録P.13 E-3

明治13年（1880）頃竣工で、唯一現存する旧居留地に残る建物。阪神・淡路大震災で全壊したが、復旧している。往時は商館として利用されていた。

オリエンタルホテル
旧居留地 MAP 付録P.13 F-3　⊙P.57

　明治3年（1870）にオランダ人ファン・デル・フリースが開業。日本のフランス料理の父ともいわれるフランス人ベギューの手に渡り、その料理の質の高さで評判を呼ぶ。移転ののち海岸通沿いの海に臨む立地を得て、神戸を代表するホテルとなった。空襲に遭い取り壊されたのち、現在の旧居留地25番地へと移転した。

⊙海岸通沿いにあった頃のホテル〈絵葉書資料館蔵〉

居留地から北野へ外国人は移動
現在の神戸の街が形作られていく

明治4年(1871)に居留地の東端近くを流れていた生田川の付け替え工事が行われ、川跡は道路として整備された(現在のフラワーロード)。明治7年(1874)には大阪～神戸間の官設鉄道敷設に伴い三ノ宮駅も開業した。

当初は居留地に限られていた外国人の居住区は、人口の増加により、高台の北野へと拡大された。北野には多くの洋館が建てられ、一方、居留地はしだいにオフィス街へと変貌していった。外国人居留地は明治32年(1899)に返還され、その後は日本人も多く旧居留地へ進出した。また、外国人居留地への居住が認められなかった中国人が住んだ雑居地は、現在の南京町へと続いている。

神戸港における新港突堤などの築港工事は明治40年(1907)に着工され、大正11年(1922)に完工した。

うろこの家・ ⊕ P.34
展望ギャラリー
うろこのいえ・てんぼうギャラリー
北野 **MAP** 付録P.6 C-1
明治期に建てられ、神戸で最初に公開された代表的な異館。国の登録有形文化財。

建築に文化に。都市発展に多大な影響

造船業で財を成し神戸の発展にも力を尽くしたE.H.ハンターをはじめ、欧米人の貢献は神戸を語るうえで欠かせない。当地に設計事務所を構えたA.N.ハンセルによる、「ハッサム住宅」や「萌黄の館」をはじめ、欧米人による建築が数多く残り、ゴンチャロフやフロインドリーブなど、今に続く洋菓子やパンの店を始めたものもいる。また、ラムネの製造販売で知られたA.C.シムは、レガッタやラグビーの大会で活躍するとともにスポーツクラブを創設、ロンドン生まれの大の親日家だったA.H.グルームは、神戸ゴルフ倶楽部の創設と、さまざまなスポーツも欧米人によって神戸から広まった。

神戸を愛し終の棲家にした欧米人も多くいた一方で、英字新聞「コーベ・クロニクル」の論説記者だったラフカディオ・ハーン(小泉八雲)は、日本文化を愛するあまり、外国かぶれの神戸を嫌悪したという。

ハンター坂
ハンターざか
北野 **MAP** 付録P.6 B-3
北野の高台にあったE.H.ハンターの邸宅に続くことから名付けられた。ハンター邸は現在、灘区の王子動物公園に移築保存されている。

新しいもの好きの神戸っ子が飛びついた
神戸はじめて物語

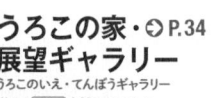

港町KOBEは諸外国の文化をどこよりも早く取り入れ、独自に工夫・発展させた。
神戸が発祥とされる文化やシステムはたくさんあるが、その早期の例をいくつか紹介しよう。

あれもこれもどれも、神戸が発祥の地

神戸は開港以来、外国文化に囲まれながら独自の文化を築いていくが、そこにはどの地域よりもいち早く欧米諸国の文化や技術を取り入れ、工夫を重ね、それらを広げていくという進取の気風も育った。たとえば飲食面では洋菓子、ソース、コーヒー、文化面ではジャズ、映画、水族館、女学校、スポーツ面ではボクシング、ゴルフ場、クリケット、乗馬など、多くのモノ・コトが日本では(もちろん異論はさまざまあるが)神戸が発祥の地とされる。

▲ルミナリエが開催される東遊園地。外国人用の運動公園として造られたもので、日本初の西洋式公園とされる

●**靴** アメリカで製靴技術を学んだ平野永太郎が明治27年(1894)に元町で「神戸屋製靴店」を設立
●**洋服** 明治2年(1869)にイギリス人のカペルが居留地16番館に近代洋服店を開業した
●**映画** 現在の中央区花隈町にあった「神港倶楽部」で明治29年(1896)、映画が初めて公開された
●**ジャズ** プロのジャズバンド「ラフィング・スター」を井田一郎が大正12年(1923)に結成した
●**ゴルフ場** 英国人貿易商グルームが明治36年(1903)に六甲山中に「神戸ゴルフ倶楽部」を設立
●**洋菓子** 明治15年(1882)に居留地の外国人向け洋菓子店「二宮盛神堂」が元町3丁目に開業した
●**ラムネ** 明治17年(1884)頃から居留地18番にあったシム商会が「18番」という名称で製造販売
●**ソース** 阪神ソースの創業者・安井敬七郎が最初の国産ソースを明治18年(1885)に完成させた

数々の災害からの復興
立ち上がる復興の街

不況や大水害、阪神・淡路大震災など
多くの困難を乗り越えてたくましく蘇る

　時代が昭和になると、神戸に多くの苦難が降りかかる。昭和2年（1927）、神戸を拠点とした世界的な貿易商・鈴木商店が破綻、それをきっかけに金融恐慌が全国へ広まった。昭和13年（1938）には阪神大水害が発生。第二次世界大戦では128回に及ぶ空襲を受けている。

　戦後の昭和31年（1956）、政令指定都市へ、高度成長の波にも乗り、神戸は急速な復興を遂げた。昭和56年（1981）にポートアイランド、昭和62年（1987）にメリケンパーク、昭和63年（1988）に六甲アイランドと市域も広がっていく。そんなか起きた惨事が、1995年1月17日に発生した阪神・淡路大震災。神戸の中心部は最大震度域に重なり市街は大きな被害を受け、6000人以上が犠牲となった。神戸ルミナリエは震災被害者の鎮魂と復興を願って、同年12月に開催されたのが始まりだ。2010年には復興のシンボルと位置づけられた都市計画道路「山手幹線」が開通している。

⬆神戸の冬の風物詩、ルミナリエ。震災への追悼と復興への希望を祈念する灯火でもある
ⒸKobe Luminarie O.C.

⬆神戸のシンボル、神戸ポートタワーは昭和38年（1963）の建造。完成当時、まだメリケンパークは埋め立てられていなかった

しんかいち
川の跡が一大繁華街に

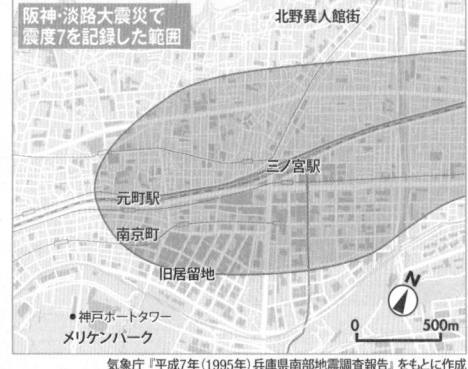

　明治時代に行われた湊川の付け替え跡につくられた街が新開地。かつては映画館やオフィスが立ち並ぶ神戸随一の繁華街だった。神戸市電の廃止などで一時寂れていたが、現在は「神戸アートビレッジセンター」などが建ち、B級グルメも楽しめる人気エリアとなっている。

阪神・淡路大震災で震度7を記録した範囲

北野異人館街
三ノ宮駅
元町駅
南京町
旧居留地
●神戸ポートタワー
メリケンパーク

0　500m
N

気象庁『平成7年（1995年）兵庫県南部地震調査報告』をもとに作成

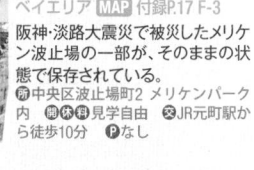

神戸港震災
メモリアルパーク
こうべこうしんさいメモリアルパーク
ベイエリア **MAP** 付録P.17 F-3
阪神・淡路大震災で被災したメリケン波止場の一部が、そのままの状態で保存されている。
🏠中央区波止場町2 メリケンパーク内　🕐休料見学自由　🚃JR元町駅から徒歩10分　🅿なし

神戸の歴史を知るスポット

神戸市立博物館
こうべしりつはくぶつかん
旧居留地 **MAP** 付録P.13 F-3
銀行として使われていた重厚な建築。ザビエルの肖像画をはじめ、貴重な作品を数多く所蔵している。

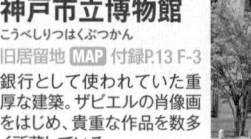

☎078-391-0035　🏠中央区京町24番地　🕐9：30〜17：30（最終入館17：00）※時期により変動の場合あり　📅月曜（祝日の場合は翌日）　💴300円、特別展は別途　🚃JR三ノ宮駅から徒歩10分　🅿なし ※2024年2月9日まで休館予定

歩く・観る●歴史

神戸 歴史年表

西暦	元号	事項
631	舒明3	舒明天皇が**有馬温泉**⟳P.144を訪れる
647	大化3	孝徳天皇が有馬温泉を訪れる
716	霊亀2	太山寺（西区）が定恵を開山として創建される
812	弘仁3	大輪田泊が一部修築される
1024	万寿元	藤原道長が有馬温泉を訪れる
1076	承保3	関白藤原師実が布引の滝を訪れる
1168	仁安3	平清盛が福原に山荘を構える
1173	承安3	平清盛が大輪田泊に経が島を築く
1180	治承4	後白河法皇・高倉上皇・安徳天皇が福原へ行幸（福原遷都）
1181	養和元	平清盛死去（64歳）
1184	元暦元	一ノ谷の戦い
1196	建久7	大輪田泊の修築が命じられる
1286	弘安9	**清盛塚十三重石塔**⟳P.62が造立される
1289	正応2	時宗開祖・一遍が兵庫観音堂（兵庫区）で死去
1336	建武3	湊川の戦い
1391	明徳2	将軍義満が兵庫を遊覧
1580	天正8	花隈城（中央区）の戦い
1583	天正11	羽柴秀吉が有馬温泉を訪れる
1590	天正18	羽柴秀吉が、有馬で茶会を催す
1596	慶長元	慶長の大地震
1607	慶長12	朝鮮通信使が兵庫津に上陸
1742	寛保2	北野天満神社拝殿が建立される
1799	寛政11	高田屋嘉兵衛、択捉航路を開く
1854	嘉永7	兵庫津の大地震
1858	安政5	日米修好通商条約で兵庫開港が決まる
1863	文久3	勝海舟、**神戸海軍操練所**⟳P.63建設を命じられる（～1865年に廃止）
1867	慶応3	兵庫港開港（現・神戸港）
1868	明治元	兵庫県（第1次）設置。知事に伊藤博文が任命される
		居留地⟳P.54工事竣工
1872	明治5	**湊川神社**⟳P.63造営
1874	明治7	大阪－神戸間に官設鉄道開業
1880	明治13	十五番館竣工（現・**旧神戸居留地十五番館**⟳P.57/P.64）
1886	明治19	兵庫造船所が川崎正蔵により川崎兵庫造船所となる
1889	明治22	東海道線神戸－東京間全通
1892	明治25	勅命により「神戸港」となる
1898	明治31	アメリカ領事館官舎建築（現・神戸北野美術館）

西暦	元号	事項
1899	明治32	外国人居留地の返還
1901	明治34	**うろこの家**⟳P.34建築
1902	明治35	**ベンの家**⟳P.36建築
1903	明治36	**萌黄の館**⟳P.35建築（1980年国の重要文化財に指定）
1907	明治40	神戸港の築港着工（1922年完成）
1909	明治42	**風見鶏の館**⟳P.35建築
		英国館⟳P.36建築
1915	大正4	ラインの館建築
1918	大正7	オランダ領事館建築
1922	大正11	**商船三井ビルディング**⟳P.56竣工
1929	昭和4	シティバンク神戸支店竣工（現・**大丸神戸店**⟳P.56、旧居留地38番館⟳P.56）
1935	昭和10	神戸ムスリムモスク建立
1938	昭和13	阪神大水害
		チャータードビル⟳P.57竣工
1939	昭和14	**神港ビルヂング**⟳P.56竣工
1940	昭和15	中国領事館（現・**坂の上の異人館**⟳P.36）建築
1945	昭和20	第二次世界大戦神戸大空襲
1950	昭和25	神戸博（日本貿易産業博覧会）開催される
1951	昭和26	神戸市立南蛮美術館発足する（現・神戸市立美術館）
1956	昭和31	**六甲山**⟳P.138一帯、国立公園に指定される
1963	昭和38	神戸国際港湾博物館開館
		神戸ポートタワー⟳P.46竣工
1967	昭和42	六甲山トンネル開通
1968	昭和43	神戸ポートアイランドの起工式
1980	昭和55	北野の異人館街が重要伝統的建造物群保存地区となる
1981	昭和56	神戸ポートアイランド完成
		神戸ポートアイランド博覧会ポートピア'81開催
1987	昭和62	神戸開港120周年を記念して**メリケンパーク**⟳P.46完成
		神戸海洋博物館⟳P.47開館
1988	昭和63	六甲アイランド完成
1992	平成4	**ウィーン・オーストリアの家**⟳P.38開設
		神戸ハーバーランド⟳P.48オープン
1994	平成6	**神戸朝日ビルディング**⟳P.57竣工
1995	平成7	阪神・淡路大震災おこる
		神戸ルミナリエ開催
2006	平成18	神戸空港開港

南京町

なんきんまち

MAP 1寸家P.8・12

極彩色の門を一歩くぐれば、街の活気に包まれる。
そこは原色とおいしい香りがあふれるアジアの街。
旧居留地とはまるで別世界の神戸の異国へようこそ!

歩く・観る●南京町

小財神に触れ
ると幸せが訪
れるかも

（吹き出し）アツアツのテイクアウトフードが充実

新神戸駅
元町駅
三ノ宮駅
神戸のココ

アクセス方法

●電車	●シティーループ
JR元町駅	地下鉄三宮駅前（南行）
⏱徒歩3分	⏱約6分
南京町	元町商店街（元町商店街前）

（吹き出し）取っ手をこすると不思議と水が動きだす

街歩きのポイント

屋台メニューは、開店は11時頃、閉店は20時頃。時間に余裕を持って楽しもう

休憩やテイクアウトの食べ物を楽しむなら街の中心、南京町広場へ

ゴミは買ったお店で回収してくれる。トイレは臥龍殿の1階にある

（吹き出し）南京町の入口でお出迎えするよ

（吹き出し）十二支にはいないパンダの像が珍しい

南京町

神戸を代表する観光スポットで中華グルメやおみやげ探し

　元町の南に広がる南京町は、横浜、長崎と並ぶ日本三大中華街のひとつ。中国料理店や雑貨店、食材店が100軒以上もひしめいている。

　中華街・南京町は、神戸の開港直後の明治初期に誕生した。当時は日本と清の間に国交条約がなく、居留地に住めなかった中国人たちは、居留地の隣にあった例外的な外国人地区の雑居地に集まって暮らした。住居の周りに彼らの営む商店や飲食店が増えていき、中華街が形成され、昭和初期には、「南京町に行けばなんでも揃う」といわれるほどの賑わいをみせた。

　戦時、神戸大空襲に見舞われるなどで一時衰退したが、今では往時の賑わいを取り戻している。中国料理店の真っ赤な看板や思わず手が出る屋台の点心、店先に並ぶユニークな中国雑貨がごちゃ混ぜにあふれる通りを歩けば、アジア独特の異国風景とチャイナパワーに圧倒される。

神戸牛肉まん
> 5個1570円

ふんわりしっとり生地に、やさしい味わいのあんがたっぷり。1個で満足のボリューム。冷凍販売でみやげにおすすめ

A
神戸 南京町 皇蘭
こうべ なんきんまち こうらん

神戸っ子に人気のおやつ
肉まんを販売するテイクアウト専門店。神戸牛100%使用の贅沢肉まんで、玉ネギは淡路島産、小麦粉は兵庫県産の「兵庫県認証食品」のひとつ。

MAP 付録P.12A-1

☎078-331-6477 所中央区栄町通2-10-6 営11:00～18:00 休無休 交JR元町駅から徒歩3分 Pなし

立ち寄りたくなる店ばかり
テイクアウト
南京町

中華街エリアには、屋台や中国雑貨店など、つい足を止めたくなる店が並ぶ。できたてのテイクアウトフードを食べ比べながら散策するのも楽しい。

> 南京町の西側に立つ西安門。中国の北宋時代の門がモデルに

> 南京町の中心にある広場には季節ごとのイベントで盛り上がる

元町1番街

珠海街

吉祥吉 R
神戸コロッケ R
たくみ商会 S
神戸 南京町朋榮 B
龍苑 R
麒麟街
珠海街

P.73 好好PART1 S

上海飯店 R
華鳳 R
大堀酒店 R
南京西路

西安門●

神戸フランツ S
P.73 空龍籠 S

東福 南京町本店 S
南京町ギャラリー蝶屋

A 皇蘭 神戸 南京町
麗馬街
雅苑酒家 R 南京町本店

香港街
C 群愛茶餐廳
海龍街
南京町仁愛街

煎包（焼き豚まん）
> 300円

具たっぷりの豚まんを両面こんがりと焼いた逸品

角煮バーガー（クワパオ）

トロトロの角煮をふわふわモチモチの生地で挟んだ最高の一品。店頭で食べられるのがうれしい
> 400円

B
神戸 南京町朋榮
こうべ なんきんまちほうえい

独創メニューがズラリ
自慢の独自発酵生地でモチモチ食感を実現。具材は素材にこだわり、ほかにはないオリジナルを揃えている。

MAP 付録P.12B-1

☎078-391-1307 所中央区元町通2-3-1 営10:00～18:00（土・日曜、祝日は～19:30） 休無休 交JR元町駅から徒歩3分 Pなし

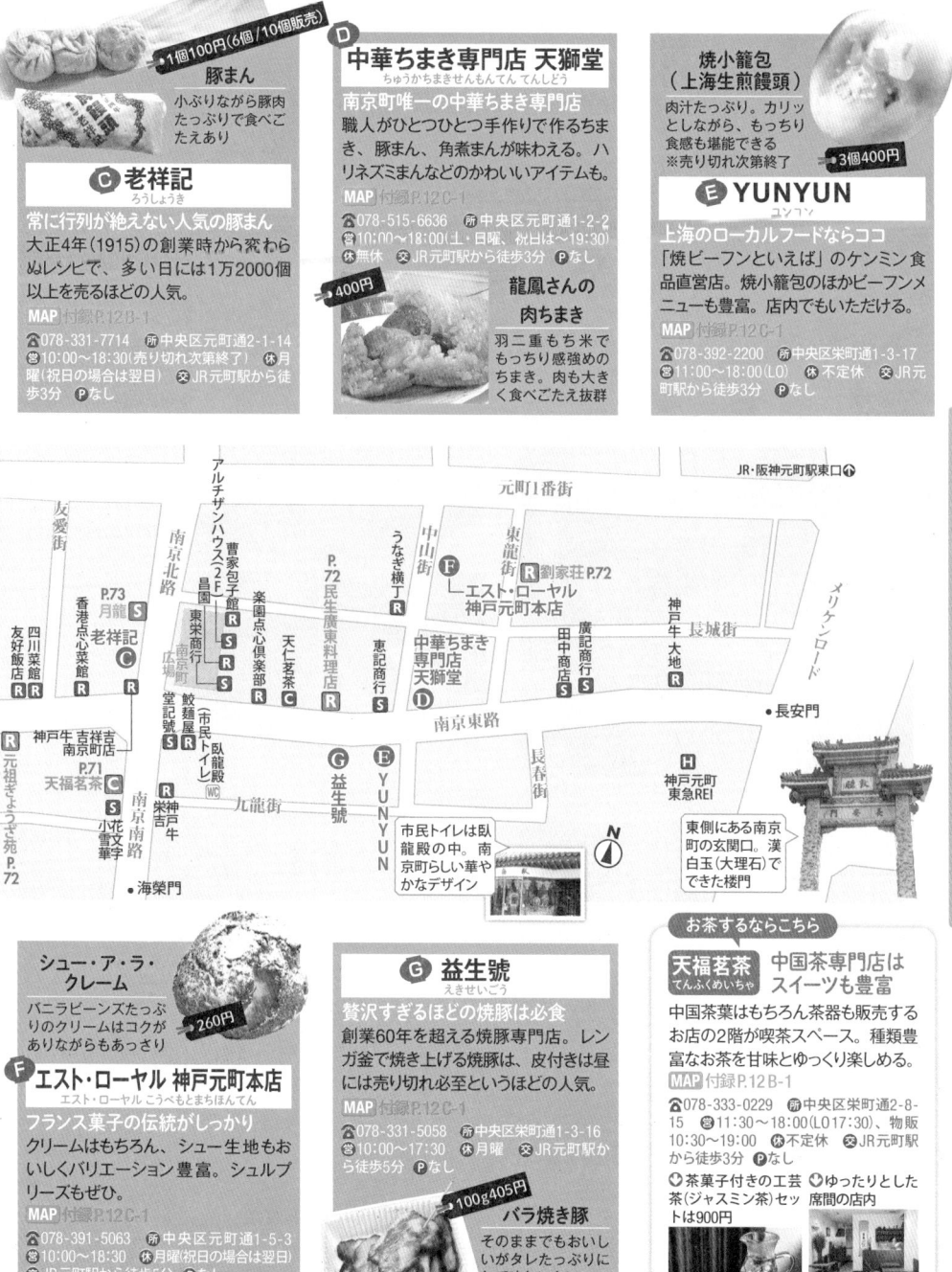

●1個100円(6個/10個販売)

豚まん

小ぶりながら豚肉たっぷりで食べごたえあり

C 老祥記
ろうしょうき

常に行列が絶えない人気の豚まん

大正4年(1915)の創業時から変わらぬレシピで、多い日には1万2000個以上を売るほどの人気。

MAP 付録P.12 B-1

☎078-331-7714 所中央区元町通2-1-14 営10:00〜18:30(売り切れ次第終了) 休月曜(祝日の場合は翌日) 交JR元町駅から徒歩3分 Pなし

D

中華ちまき専門店 天獅堂
ちゅうかちまきせんもんてんてんしどう

南京町唯一の中華ちまき専門店

職人がひとつひとつ手作りで作るちまき、豚まん、角煮まんが味わえる。ハリネズミまんなどのかわいいアイテムも。

MAP 付録P.12 C-1

☎078-515-6636 所中央区元町通1-2-2 営10:00〜18:00(土・日曜、祝日は〜19:30) 休無休 交JR元町駅から徒歩3分 Pなし

●400円

龍鳳さんの肉ちまき

羽二重もち米でもっちり感強めのちまき。肉も大きく食べごたえ抜群

焼小籠包
（上海生煎饅頭）

肉汁たっぷり。カリッとしながらも、もっちり食感も堪能できる
※売り切れ次第終了

●3個400円

E YUNYUN
ユンユン

上海のローカルフードならココ

「焼ビーフンといえば」のケンミン食品直営店。焼小籠包のほかビーフンメニューも豊富。店内でもいただける。

MAP 付録P.12 C-1

☎078-392-2200 所中央区栄町通1-3-17 営11:00〜18:00(LO) 休不定休 交JR元町駅から徒歩3分 Pなし

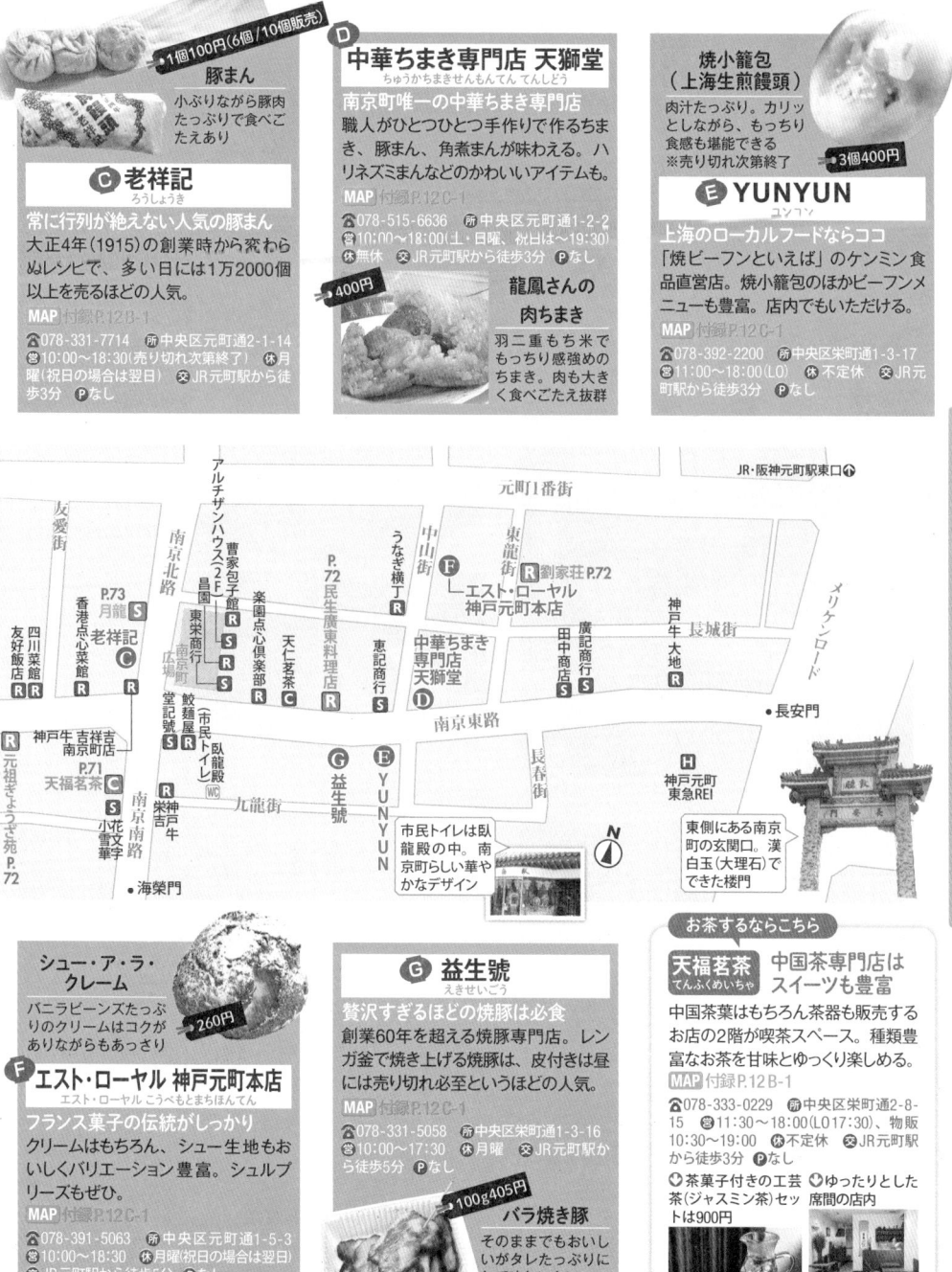

元町1番街

JR・阪神元町駅東口↑

友愛街

アルチザンハウス(2F)

南京北路

元町1街

中山街

東龍街

P.73 月龍 S

香港忠心菜館 R

四川菜館 友好飯店 R

P.73 老祥記 C

曹家包子館(2F) 昌園 S

楽園点心倶楽部 S

東栄商行 南京町広場

天仁茗茶 S

うなぎ横丁 R

P.72 民生廣東料理店 R

創380荘 P.72

エスト・ローヤル 神戸元町本店 R F

広記商行 S

神戸牛 大地 R

メリケンロード

長城街

神戸牛 吉祥店 南京町店 R

P.71 天福茗茶 C

栄神戸 吉号 S

鮫麺屋(市民トイレ) S

記号 S

臥龍殿 WC

中華ちまき専門店 天獅堂 R

恵記商行 R

南京東路

田中商行 S

長安門

神戸元町 東急REI H

元祖ぎょうざ苑 R

小花雪華 P.72

南京南路

九龍街

益生號 G

E YUNYUN

N

長春街

市民トイレは臥龍殿の中。南京町らしい華やかなデザイン

東側にある南京町の玄関口。漢白玉(大理石)でできた楼門

海榮門

テイクアウト南京町

シュー・ア・ラ・クレーム

バニラビーンズたっぷりのクリームはコクがありながらもあっさり

●260円

F エスト・ローヤル 神戸元町本店
エスト・ローヤル こうべもとまちほんてん

フランス菓子の伝統がしっかり

クリームはもちろん、シュー生地もおいしいバリエーション豊富。シュルプリーズもぜひ。

MAP 付録P.12 C-1

☎078-391-5063 所中央区元町通1-5-3 営10:00〜18:30 休月曜(祝日の場合は翌日) 交JR元町駅から徒歩5分 Pなし

G 益生號
えきせいごう

贅沢すぎるほどの焼豚は必食

創業60年を超える焼豚専門店。レンガ釜で焼き上げる焼豚は、皮付きは昼には売り切れ必至というほどの人気。

MAP 付録P.12 C-1

☎078-331-5058 所中央区栄町通1-3-16 営10:00〜17:30 休月曜 交JR元町駅から徒歩5分 Pなし

●100g405円

バラ焼き豚

そのままでもおいしいがタレたっぷりにして味わいたい

お茶するならこちら

天福茗茶
てんふくめいちゃ

中国茶専門店はスイーツも豊富

中国茶葉はもちろん茶器も販売するお店の2階が喫茶スペース。種類豊富なお茶を甘味とゆっくり楽しめる。

MAP 付録P.12 B-1

☎078-333-0229 所中央区栄町通2-8-15 営11:30〜18:00(LO17:30)、物販10:30〜19:00 休不定休 交JR元町駅から徒歩3分 Pなし

♥茶菓子付きの工芸茶(ジャスミン茶)セットは900円 ♥ゆったりとした席間の店内

歴史ある有名店のこだわりの味

南京町のレストランで名物をいただく

本場中国などで修業を重ねた料理人が作る、多彩なメニュー。
それぞれに長年の歴史とセンスが光る一品があり、どの店も見逃せない。

↑入口から奥へと広い店内。テーブル席もゆったり

焼鶏 1200円
塩ベースの秘伝スパイスを2日間なじませる。さらに揚げてから蒸すので身も皮もしっとりとやわらか

路地裏に人が集まる隠れた名店

劉家荘
りゅうかそう

MAP 付録P.12 C-1

名物の焼鶏は、多いときで1日400羽も注文があるという。手間を惜しまぬ仕事で、どのメニューもじんわりやさしい味わいに仕上げている。ランチメニューはボリューミーでお得。

☎078-391-7728
所中央区元町通1-4-8
営11:30～14:30 17:00～20:30 休水曜（祝日の場合は翌日）交JR元町駅から徒歩3分 Pなし

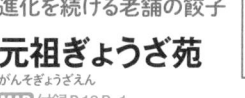

↑1階がカウンターで2階にテーブル席を配置

↑南京東路から少し離れたかわいい鶏の看板を目印に

自慢の一品目指して全国各地からファンが集う

民生廣東料理店
みんせいかんとんりょうりてん

MAP 付録P.12 C-1

創業60年を超える人気店。いかの天ぷらをはじめ、どのメニューも素材と調味料にはとことんこだわる。気取らない雰囲気も魅力で、にんにく味噌はテイクアウトでも人気。

↑黄色の看板が目立つ外観は大通り沿いでも一目瞭然
☎078-331-5435
所中央区元町通1-3-3
営11:30～14:30(LO) 17:00～19:30(LO) 休月曜（祝日の場合は翌日）交JR元町駅から徒歩3分 Pなし

いかの天ぷら（小）
2000円
アオリイカを兵庫県産の醤油でしっかり味付けして揚げた一品。噛むほどに味が広がるやわらかい食感も魅力

神戸ビーフを加えた進化を続ける老舗の餃子

元祖ぎょうざ苑
がんそぎょうざえん

MAP 付録P.12 B-1

皮の製法やラー油ではなく味噌ダレを使うことなど昔ながらの部分を守りながらも、新たに神戸牛ミンチを加えた細部で進化を続ける人気店。味付けなしでもおいしい餃子に女性ファンも多数。

☎078-331-4096
所中央区栄町通2-8-11
営11:45～15:00 17:00～20:30 休月曜（祝日の場合は営業）交JR元町駅から徒歩3分 Pなし

↑店頭では持ち帰り用の餃子も販売。20個入り860円～

焼餃子 495円（6個）
ピーナッツ油でパリッと焼き上げ、香ばしさをアップ。豚ミンチを一晩寝かせてあんに使用するこだわりも光る

↑席間にゆとりをもたせてテーブルを配置

開運とユーモアをお持ち帰り

南京町のショップでおみやげを探す

中華街ならではのかわいいパンダのアイテムやオリジナルグッズ
など、安くてユニークな雑貨や衣類を見つけておみやげにしよう。

パンダの置物
ポップなポーズを取る姿が
キュートな置物。1540円
（3匹セット）Ⓐ

ピンバッジ（白） Ⓐ
ゆるい顔つきがココロ
くすぐるピンバッジ。
330円

龍の置物
金色の龍が福と書か
れた玉を持つ。最強
の開運アイテム。
1600円 Ⓐ

金豚置物 Ⓐ
幸せを招くとされている
金豚。お気に入りの子が
見つかるかも。770円

オリジナル Ⓑ
ハンドタオル
かわいいパンダが印象
的。ちょっとしたおみ
やげにぴったり。360円

パンダポシェット Ⓑ
小さなお子さんのおみやげに喜ば
れるモコモコアイテム。890円

オリジナル
パンダ顔Tシャツ
一番人気のパンダTシ
ャツはサイズ＆カラー
展開も豊富。各1200円 Ⓑ

ミニ金豚＆古銭
金運アップのかわい
い子豚マスコット各
325円。台には古銭
325円（別売）を Ⓒ

変瞼人形 Ⓒ
人形の顔が4面変化す
るユニークなアイテ
ム。1100円

ブルース・リー
フィギュア Ⓒ
不動の人気フィギュ
ア。ヌンチャク部分
が動かせる。500円

茶こし・ふた付き Ⓒ
マグカップ
パンダが描かれたマグ
カップ。茶こしとふた
が付いており、お茶を
淹れるときにワンセッ
トで便利。1100円

縁起物が豊富に展開
Ⓐ **月龍**
ムーンドラゴン
MAP 付録P.12 B-1
老祥記（P.71）が
展開するギフト
ショップ。現地買
い付けのアイテ
ムや縁起物が数
多く集まる。
☎078-331-7791
🏠中央区元町通2-1-13 🕘9:30～
19:00 🏠月曜（祝日の場合は翌日）
🚃JR元町駅から徒歩3分 🅿なし

小さなグッズが勢揃い
Ⓑ **好好PART1**
ハオハオ パート1
MAP 付録P.12 B-1
パンダグッズをは
じめ、文具や小さ
な雑貨など幅広
く揃う。ちょっとし
たおみやげに
ぴったりなものが
見つかる。
☎078-392-8080
🏠中央区元町通2-4-1 🕘10:30（日曜
10:00）～20:30 🏠不定休
🚃JR元町駅から徒歩3分 🅿なし

個性的なアイテムが集合
Ⓒ **空龍**
コンロン
MAP 付録P.12 B-1
中国意匠やカン
フーグッズなど種
類豊富に並ぶ店
内。ここにしかな
いおもしろいもの
も見逃せない。
☎078-332-5060
🏠中央区栄町通
2-9-11 🕘10:30（日曜10:00）～20:00
（土曜は～20:30）🏠無休 🚃JR元町
駅から徒歩3分 🅿なし

名物をいただく／おみやげを探す

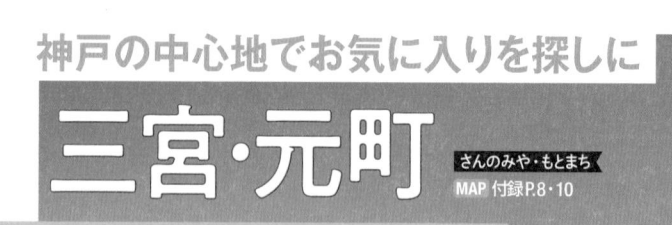

神戸の中心地でお気に入りを探しに

三宮・元町

さんのみや・もとまち

MAP 付録P.8・10

観光客も神戸っ子もみんな集まる神戸の繁華街。
最新にハイカラ、ショッピングにグルメも多彩な、
神戸の魅力がぎっしり詰まった多目的エリア。

歩く・観る●三宮・元町

神戸随一のショッピング街の三宮から
ハイカラな元町のアーケード商店街へ

　三宮の駅周辺は、大型ショッピングビルやファッションビルが並ぶ神戸の流行発信地。ショッピングアーケードの三宮センター街、神戸最古の地下街「さんちか」もあり、多様なショップやグルメが集まっている。

　阪急・神戸三宮駅前からJR神戸駅近くまでの高架下には、戦後の闇市から始まったという商店街が裏通りのように続いており、古い商店から最新ファッション、飲食店まで、小さな店が雑多に軒を連ねる。元町駅と神戸駅の間はマニアックな店の多いカオスなエリア。

　旧居留地に近い元町は、どこかハイカラなムードを感じる街。アーケードに約300店舗が並ぶ元町商店街は、明治初期からの歴史を持つ「元町の顔」。今どきのショップに挟まれて、ハイカラな時代の面影を残す古い洋風看板の商店が点在する。有名菓子店などの老舗本店もあるので、みやげ探しにもおすすめだ。

県庁前駅

鯉川筋

トアウエスト

トアロード

⊗神戸生田中

21

元町駅

阪神神戸高速線　元町駅

元町

旧居留地・大丸前駅

元町商店街

元町通

P.56 旧居留地38番館★
P.56 大丸神戸店SC

街歩きのポイント

商店街や高架下が
おしゃれな元町

買い物途中の
立ち寄りカフェが充実

大型ショッピング
ビルが集まる三宮

神戸らしいおしゃれは
ここから始まる

神戸のおしゃれが集まる
トアウエスト

トアロードの西側エリアは、こだわりのアイテムが並ぶセレクトショップやトレンドグルメ、休憩にぴったりのかわいいカフェが点在する。

昔懐かしいレトロ商店街
元町
もとまち

元町商店街には昔から愛され続ける老舗と、流行最前線の新店が立ち並ぶ。地元神戸のセンスが詰まったモダンな商店街。

街歩きinformation

神戸のココ

新神戸駅
三宮駅
元町駅

アクセス方法

●電車	●シティーループ
新神戸駅	新神戸駅前
↓地下鉄で15分	↓約8分
三宮駅	地下鉄三宮駅前(南行)
↓JRで1分	↓約6分
元町駅	元町商店街(南京町前)

三宮・元町

地下街や高架下も充実!

三宮の地下には地下街「さんちか」が広がる。各地にアクセスできるため、雨の日の移動に便利。また、三宮から元町、さらに神戸駅まで、2.5kmほどの高架下は、狭い通路の両脇に小さな店が並ぶ商店街となっている。三宮から元町までは靴屋の集中地帯であるピアザkobe、元町から西が元町高架下商店街(通称モトコー)で、マニアックなお店が多く見つかる穴場。

↑さんちか　　　↑元町高架下
　　　　　　　　商店街

最新アイテムはここから
三宮
さんのみや

休日には一日に10万人もの人が集まる三宮センター街や、大型ショッピングビルなど、神戸の流行の中心地となっている。

ザ・ビー
下鉄西神・山手線
三宮駅
三宮北
三ノ宮駅
三宮駅
三宮オーバ2 SC P.83
ミント神戸 SC
P.83
東急REI H
神戸三宮駅
阪急神戸高速線
東海道本線(JR神戸線)
阪神本線
三宮東
2
三宮東
P.83 神戸マルイ SC
三宮町
SC さんプラザ
三宮センター街
SC 神戸阪急 P.83
三宮
地下鉄海岸線
SC 神戸国際会館SOL P.83
三宮・花時計前駅
フラワーロード
ポートライナー
磯上通6

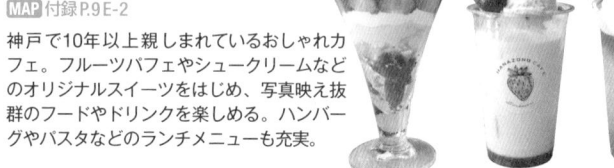

神戸らしいスタイリッシュな空気のなかで
KOBEカフェに流れるおしゃれ時間

ショップを巡って疲れたときにふらりと足休めに立ち寄るカフェ。賑わいをみせる
街なかのオアシスで、癒やしのティータイム。店内でゆっくり楽しめるスポットをご紹介。

駅近の愛されカフェで
のんびりくつろぎ時間

HANAZONO CAFE
ハナゾノカフェ

MAP 付録 P.9 E-2

神戸で10年以上親しまれているおしゃれカフェ。フルーツパフェやシュークリームなどのオリジナルスイーツをはじめ、写真映え抜群のフードやドリンクを楽しめる。ハンバーグやパスタなどのランチメニューも充実。

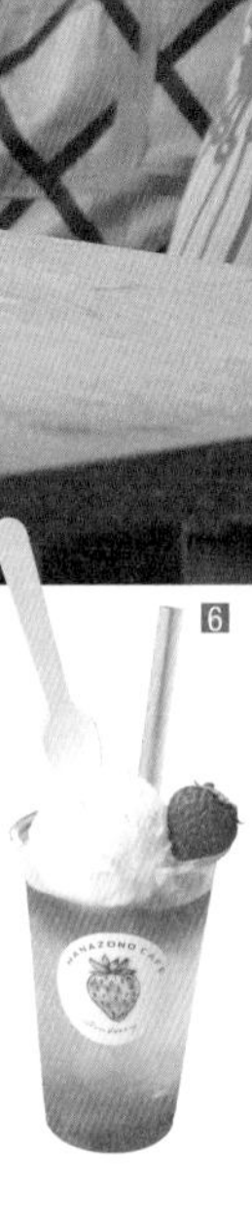

☎078-331-3905
所 中央区北長狭通3-12-3 リーストラクチャートアウエストビル2F 営11：30～21：00（LO20：00）休 不定休 JR元町駅から徒歩5分 P なし

1.自宅のような雰囲気に癒やされる 2.ナチュラルが外観が素敵 3.ランチやカフェタイムはもちろん、ウエディングなどのパーティにも活躍 4.フレッシュなイチゴをふんだんに使用したいちごパフェ1950円 5.やさしい味わいのいちごミルクフロート980円 6.弾ける酸味とバニラアイスクリームが調和するいちごのクリームソーダ980円

ゆったりとした店内に
華やかなタルトが並ぶ

à la campagne
三宮店
アラカンパーニュさんのみやてん

MAP 付録 P.10 A-2

オーナーが買い付けたアンティーク家具が並び、南フランスの田舎のような雰囲気。旬のフルーツを使ったケーキやタルトなどの洋菓子が揃い、カラフルなショーケースに感動間違いなし。

☎078-322-0130
🏠中央区北長狭通1-10-6ムーンライトビル1F　🕐12:00～22:00(LO21:15)　🈳無休　🚉JR三ノ宮駅から徒歩5分　Ｐなし

1.マドレーヌやクッキーなど焼き菓子のギフトも人気　2.オリジナル花柄マグカップ&ハーブティーセット　3.色とりどりのフルーツをたっぷりと使用した贅沢なフルーツタルト

三ノ宮駅から徒歩3分
森林浴もできる極上空間

GREEN HOUSE Silva
グリーン ハウス シルバ

MAP 付録 P.11 E-1

「シルバ」はラテン語で「森」。その名のとおり、3階まで伸びる木々に囲まれた空間が特徴的。自家製のこだわりケーキや、しっかりごはんも楽しめる万能カフェ。アルコールの種類も豊富。

☎078-262-7044
🏠中央区琴ノ緒町5-5-25
🕐11:00～24:00　🈳不定休
🚉JR三ノ宮駅から徒歩3分　Ｐなし

1.光、緑、風をテーマにした内装がおしゃれ　2.大人気のメニュー昭和オムライス1300円　3.一番人気メープル・シフォンケーキ720円。好きなケーキに+400円でドリンクセットに　4.木々を抜けると奥に入口が見える

世界各国の産地から届く
香り高い紅茶で至福の時を

紅茶専門店&
紅茶教室 Lakshimi
こうちゃせんもんてん&
こうちゃきょうしつ ラクシュミー

MAP 付録 P.6 A-4

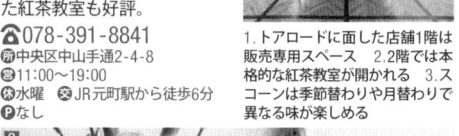

インドやスリランカをはじめとする世界中の産地から厳選した紅茶に出会える。広々としたラグジュアリーな空間で学ぶことができる目的に合わせた紅茶教室も好評。

☎078-391-8841
🏠中央区中山手通2-4-8
🕐11:00～19:00
🈳水曜　🚉JR元町駅から徒歩6分
Ｐなし

1.トアロードに面した店舗1階は販売専用スペース　2.2階では本格的な紅茶教室が開かれる　3.スコーンは季節替わりや月替わりで異なる味が楽しめる

駅前ということを忘れる
時間の流れ方が素敵

茜屋珈琲店
あかねやこーひーてん

MAP 付録 P.10 A-2

レコードから流れるクラシック、落ち着いた照明が心穏やかにさせてくれる。鮮度の良い炭火焙煎の豆を贅沢に使い、ハンドドリップで抽出するコーヒーやお手製のデザートも美味。

1.昭和41年(1966)から変わらぬ雰囲気。一人でゆっくり過ごすのも◎ 2.約200客のカップからその人に合ったものを選んでくれる 3.コーヒー800円、手作りのチョコレートケーキとセットで1650円

☎078-331-8884
📮中央区北長狭通1-9-4 🕐12:00～22:00(LO) 🈺不定休 🚃阪急神戸三宮駅から徒歩1分 🅿なし

1.ホットコーヒー400円と好相性のエビアンプリン400円もぜひ 2.昔からの常連さんも多い。自家焙煎の豆は販売も行っている

サイフォンで抽出する
香り高いコーヒーを

エビアンコーヒー

MAP 付録 P.9 D-4

昭和27年(1952)より変わらないコーヒーは、サイフォンで抽出するマイルドで深みのある味わいが特徴。11時まではロールサンドセット550円などのモーニングが人気。

☎078-331-3265
📮中央区元町通1-7-2 🕐8:30～18:30(LO) 🈺水曜 🚃JR元町駅から徒歩3分 🅿なし

神戸のコーヒー文化を牽引してきた名店へ

にしむら珈琲 三宮店
にしむらこーひー さんのみやてん

MAP 付録P.11 D-1

本店の創業は昭和23年（1948）という老舗店。当時希少だった、日本人に合うマイルドなコーヒーを広めた。オリジナルケーキは、リッチな味わいが好評で手みやげにも最適。

☎078-241-2777
🏠中央区琴緒町5-3-5 グリーンシャポービル1F　🕐8:00～23:00　休毎月最終月曜（祝日の場合あり）　🚃JR三ノ宮駅からすぐ　Ｐなし

1.駅からすぐ、深夜まで営業していて便利　2.風格漂うた扉のデザイン　3.冬季限定のにしむらカフェハウストルテのセット1250円。ブレンドコーヒーは単品650円　4.1階、2階合わせて全147席

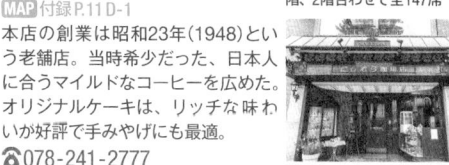

深みが印象深いコーヒーをホットケーキと一緒に

元町サントス
もとまちサントス

MAP 付録P.8 B-4

創業は昭和35年（1960）。ネルドリップで淹れるコーヒーは、今では希少なアンという機械を使う。ブラジルのサントス・ニブラを中心に配合した豆は、しっかりとした苦みが印象深い。

☎078-331-1079
🏠中央区元町通2-3-12
🕐8:00～19:00
(LO18:30)　休無休
🚃JR元町駅から徒歩5分
Ｐなし

1.昔から変わらない調度品など、昭和の空気感が漂う　2.2階席もありくつろげる　3.鉄板で蒸し焼きにする生地が魅力のホットケーキセット（バター）900円

自家焙煎の豆を使用したハンドドリップの一杯を堪能

はた珈琲店
はたこーひーてん

MAP 付録P.16 C-1

創業昭和53年（1978）。自家焙煎した豆をブレンドしたオリジナルや単一品種の豆を楽しむコーヒーは全15種。マスターの畑芳弘氏が1杯ずつ淹れる様子が眺められるカウンターが人気。

☎078-341-3410
🏠中央区元町通5-7-12
🕐9:00～19:00
休水曜、第2水曜の翌日　🚃阪急・花隈駅から徒歩3分　Ｐなし

1.店は元町商店街にある　2.マスターが丁寧に淹れた渾身のハンドドリップを味わえる　3.マスターのお母様のコレクションが並ぶ2階はまるで磁器のギャラリーのよう　4.芳醇な香りとすっきりとした味わいのブレンド600円、ふわふわ＆しっとりのシフォンケーキ400円も自家製

↑高級感ある明るい店内。どの時間も賑わいをみせる人気店（アタオランド）

おしゃれの流行発信地のファッションショップ

神戸デザインのアイテムでセンスアップ

持っているだけで、いつもより気分も華やかになれる。
神戸のおしゃれは最新のファッションアイテムで。

アタオランド

MAP 付録P.11D-4

**神戸発 大人のための
バッグ・財布ブランド**

トレンチコートに似合うバッグ作りをコンセプトに、2006年に誕生したバッグブランド。素材にこだわっているため、使うほどに味わい深く変化し、育てる感覚で使用できるのが魅力的。流行に左右されない洗練されたデザインが揃う。

☎078-230-3380
⑰中央区御幸通8-1-6神戸国際会館SOL B1 ⏰10:00～20:00
㉿SOLの定休日に準ずる
🚃JR三ノ宮駅から徒歩5分 Ⓟなし

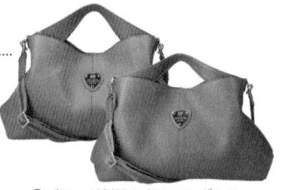

↑ブランド創設からのロングセラー、elvy+（エルヴィプラス）。持ち方でデザインの変化が楽しめる2wayバッグ。elvy+4万5100円

↪エレガントな棚に並ぶ、長年愛され続ける上品なバッグ

↩スリムで収納力があり、ポーチ感覚で使えるデザイン性の高い財布。limo（リモ）ヴィトロ3万3000円

↩撥水加工のイタリアンレザーを使用した機能性抜群のミディアムバッグ。ウィークエンド3万9600円

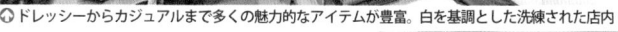

Flash Be
フラッシュ ビー
MAP 付録 P.10 C-3

ハイブランドから、お手ごろな
オリジナル商品まで多彩な品揃え

オリジナル商品のほかに MARC JACOBS、Chloéなどのブランドや、ドレッシーからカジュアルまで幅広いバリエーションのアイテムがずらり。「LAセレブ」をコンセプトにした店内は広く、ゆっくりと買い物が楽しめるのも魅力的。

☎078-321-2678
㊟中央区三宮町1-10-1さんちか5番街ローザアベニュー ◷10:00～20:00
㊡第3水曜（7・12月は無休、2・8月は第3水・木曜定休）
㊋各線・三宮駅からすぐ ㋟なし

↑ドレッシーからカジュアルまで多くの魅力的なアイテムが豊富。白を基調とした洗練された店内

↑シンプルで小ぶりなデザインだから、どんなシーンにもマッチしそう。5900円

↑季節を問わず使いやすい、6色展開のオリジナル商品。お手ごろ価格がうれしいトップス4600円

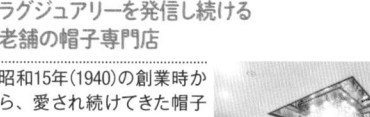
↑さんちかの駅からすぐのところにあり、親子で来店する客も多いとか

MANUAL LABOUR
マニュアル レイバー
MAP 付録 P.8 A-4

トレードマークは丸ポケット
1本は持ちたいこだわりデニム

倉敷市児島の工場でていねいに縫製された職人のハンドメイド商品。20種類ほどのシルエットが揃い、全国からファンが集まる。愛らしいラウンドポケットのデニムは女性にも人気。アトリエ併設のお店で、店主との会話も楽しんで。

☎078-331-8963
㊟中央区元町通3-2-15 セントラルビル元町6F ◷11:00～19:00
㊡水曜（祝日の場合は翌日）
㊋JR元町駅から徒歩3分
㋟なし

↑港を思わせるような、さわやかな空間が広がる

↑ビルの6階にひっそりとたたずむ。入口はミントグリーンの扉

↑女性に人気の定番商品、トーキングポケットデニム。2万7280円（左）、2万8600円（右）

↑オーガニックデニムや倉敷の帆布を使用したバッグ。倉敷帆布（左）、デニム（右）各1万5400円

maxim 神戸トアロード本店
マキシン こうべトアロードほんてん
MAP 付録 P.9 E-2

ラグジュアリーを発信し続ける
老舗の帽子専門店

昭和15年(1940)の創業時から、愛され続けてきた帽子専門店。素材はもちろん、機能性やかぶり心地など細部までこだわり、エレガントなデザインからカジュアルまで豊富な品揃え。季節やシチュエーションに合ったお気に入りが必ず見つかる。

☎078-331-6711
㊟中央区北長狭通2-6-13
◷11:00～18:30
㊡水曜（祝日の場合は営業）
㊋JR元町駅から徒歩5分 ㋟なし

↑デニムにもワンピースにも合わせやすく、小顔効果抜群の大人気ハット

↑伝統と極上とが凝縮した、最新のデザインばかり

↑真夏もしっかり日焼け対策でき、前リボンがかわいい天然素材のサンバイザー

靴の街でお気に入りの一足を

靴の街といわれるほど、神戸三宮を歩けばたくさんの靴屋が見つかる。
ここでしか出会えない靴や、オーダーメイドなど、こだわりの靴を自分のおみやげにしてみるのはいかが?

歩く・観る●三宮・元町

⬆クラシカルな雰囲気で、上質な大人のアイテムが並ぶ

大人の革靴や
ドレスシューズの老舗

Queen Classico
神戸本店

クインクラシコこうべほんてん

MAP 付録P.9 E-3

オリジナルシューズやインポート靴、
バッグなど多数取り揃える老舗シュ
ーズショップ。バイヤーがセレクトす
る靴は、素材、履き心地はもちろん
デザインにもこだわり。レディスの
おしゃれスニーカーも充実。

☎078-331-3510
🏠中央区北長狭通2-31-69
🕐11:00〜20:00 ㊡無休
🚉JR・阪神元町駅から徒歩3分 ㋬なし

⬆一番人気のイタリアブランド
VOILE BLANCIIEのスニーカー
(メンズ)。4万2900円

⬆イタリアブランドVOILE
BLANCHEのスニーカー(レ
ディス)。ボリュームソウル
はドレッシーなファッション
にもマッチ。3万9600円

⬇SPINGLE MOVEのスニーカー
(レディス)。カンガルーレザー
がやわらかな履き心地。
1万9800円

⬆高架下で59年続く老舗(上)、
近年のブームに合わせてスニー
カーも豊富(下)

⬆メンズシューズは80ブランドを取り扱う

↑ ぽっこりかわいいフォルムは店ならではのデザイン

履きやすさにひと工夫 母娘でファンになる人も

mare mare Daily market 三宮センター街店

マーレ マーレ デイリー マーケット
さんのみやセンターがいてん

MAP 付録P.10A-3

港町神戸で誕生した靴店。どこにいても自然のなかを歩いているようなリラックス感をもち、その日の気分とコーディネートに合わせてチョイスできる「毎日着替える靴」を提案している。

☎ 078-332-3325　徶中央区三宮町1-6-18　⊙11:00〜20:00　⊙不定休　⊗JR三ノ宮駅から徒歩5分　Ｐなし

↑ カジュアルなスニーカーから歩きやすいパンプスまでずらり

↑ ウッディな店構えが三宮の街にはしっくりくる

↑ 足なじみよく通気性もよいと大人気。冬にはブーツも並ぶ

洗濯機で洗える靴で 圧倒的人気の老舗靴店

COULEUR VARIE

クロール バリエ

MAP 付録P.8 C-4

ウォッシャブルシューズに特化したシューズブランドの直営店。店内に並ぶカラーバリエーション豊富な靴は、すべて洗濯可能なのが魅力。セミオーダーも気軽に頼みたい。

☎078-326-7676　徶中央区元町通2-1-9　⊙11:00〜19:00　⊙無休　⊗地下鉄・旧居留地・大丸前駅から徒歩5分　Ｐなし　⊙元町商店街の直営店は充実のラインナップ

↖ 全20色から色を選べるセミオーダーのドライビングシューズ1万3200円〜

↖ デニム風インヒールバレエシューズ1万3200円。ギャザー部分が足指にもやさしい

↖ ボタニカルフラワープリントが華やかなサンダル1万1000円

ショッピングスポット

駅周辺に並ぶ百貨店やファッションビル。
目印にもなるのでチェックしておこう。

ミント神戸

ミントこうべ

MAP 付録P.11 E-2

三宮の駅前にあるさわやかなミント色のビル。ファッションやグルメ、シネマも楽しめる。

神戸阪急

こうべはんきゅう

MAP 付録P.11 D-3

阪神・神戸三宮駅から直結のロケーション。地階食品売場には神戸を代表する洋菓子店が並ぶ。

神戸国際会館SOL

こうべこくさいかいかんソル

MAP 付録P.11 D-4

Spice Of Lifeをコンセプトに、神戸の新しいライフスタイルを提案している。

神戸マルイ

こうべマルイ

MAP 付録P.10 C-3

JR三ノ宮駅前にあり、ファッションから雑貨、カフェ、スイーツまで幅広い店舗が集まる。

三宮オーパ2

さんのみやオーパツー

MAP 付録P.11 E-2

駅近でファッションや雑貨などが揃い、ゆっくり食事ができる飲食店も充実。

A Fabulous OLD BOOK
ファビュラス オールドブック
MAP 付録P.8 C-2

アメリカの古い絵本がずらり

1940〜60年代のアメリカに魅せられた店主が収集した、時代背景も興味深い絵本が並ぶ。子供部屋をイメージした雑貨も揃い、つい長居したくなるセレクトの楽しさ。

☎078-327-7883
所中央区下山手通4-1-19西阪ビル4F
営13:00〜19:00
休水曜 交JR元町駅から徒歩7分 Pなし

A シェイプブックシリーズ
アメリカではポピュラーな絵本のシリーズ。インテリアにも。1100円〜

A アメリカのピンバッジ
企業やイベントのバッジなど、数あるなかからお気に入りを探して。550円〜

B じばさん ele
じばさん エレ
MAP 付録P.11 D-4

兵庫県産の名品に出会える

地場産業にスポットを当て、兵庫県産のアイテムを中心にセレクト。手仕事の良さが光る播州織や丹波焼の器などは日本人だけでなく外国人にも人気。

☎078-855-2399
所中央区御幸通8-1-6神戸国際会館 SOL B2
営10:00〜20:00
休神戸国際会館SOLに準ずる 交JR三ノ宮駅から徒歩5分 Pなし

C Madu 三宮店
マディさんのみやてん
MAP 付録P.9 E-4

気持ちが豊かになる生活雑貨

ナチュラルで温かみあるデザインの食器類や布小物、籠などをラインナップ。和と洋が調和したセレクトで、季節感を映した心地よいライフスタイルを提案してくれる。

☎078-391-0380
所中央区三宮町3-6-1神戸BAL3F 営11:00〜20:00(神戸BALに準ずる)
休無休 交JR元町駅から徒歩4分 Pなし

ハイセンスな雑貨店巡りに気分もアップ!

カラフル&キュートな最新雑貨

神戸らしいナチュラルなテイストから、カラフルでポップなアイテムまで。おみやげにしたくなる雑貨に目移り必至。

B 丹窓窯スリップ豆皿
温かみにあふれ、一枚ごとに表情の異なる丹波焼円窓窯の器。各1320円

B 播州織ポシェット
スタッフが選定した生地で企画したオリジナル播州織小物。各3300円

C マドゥヴァンのクロス
彫り師が木型を作って染め上げた、繊細な絵柄にうっとり。各1650円

B 甍卜 地瓦小 お香立て
淡路島で瓦の製法を使い、タイルや小物、雑貨を製作する「甍卜」の作品。灰が落ちても掃除がしやすいデザイン。1650円

C つばめ碗皿(左) つばめポット(右)
ツバメのワンポイントが効いた、飽きのこないデザイン。左1210円、右2970円

D めがねハサミ
めがねの形のキーホルダーが、ハサミに変身。実用的で人気の品。各440円

D ハリネズミ 色鉛筆スタンド
色鉛筆をハリネズミのハリに見立てたデザインに注目。チェコ製。1万8150円

E イヤリング
ヴィンテージパーツなどを用いてオリジナルのアクセサリーを作るブランド「RAMEIRO」のイヤリング。4290円

F リスと木のマグカップ
シンプルな形にかわいい動物たちの絵が人気の陶芸家・北川タケシ氏の作品。3960円

E ルームソックス
イランのルームソックス。ほかにない、東アジアの雑貨も豊富。1404円

F ブローチ
木をレーザーカッターでカットし、1つずつ丁寧に彩色してブローチに。クマ1320円、リス1980円、花1650円

E ブローチ
店主が手がけるアクセサリーも豊富。モスクをモチーフにしたブローチ。2200円

D Neue 三宮店
ノイエ さんのみやてん
MAP 付録 P.11 E-2
機能性の高いオシャレ文具を

海外、国内問わずデザイン性が高く実用性も備えたステーショナリーをセレクト。季節感あふれるグリーティングカードなどの紙モノや、ギフトに最適な革小物や万年筆も並ぶ。
☎078-291-4601
🏠中央区雲井通7-1-1
ミント神戸5F
🕐11:00〜21:00
🈂ミント神戸に準ずる
🚉JR三ノ宮駅から徒歩2分
🅿提携駐車場あり

E mi-chu.
ミーチュ
MAP 付録 P.9 D-1
気持ちを明るくする雑貨揃い

ベトナムやタイといったアジアを中心とした雑貨はもちろん、作家もののアイテムも揃う。ランプやアクセサリーだけでなく、壁紙なども展開している。
☎078-332-1102
🏠中央区下山手通3-5-5 新安第一ビル3F
🕐13:00〜19:00
🈂火・水曜
🚉JR元町駅から徒歩5分
🅿なし

F ツバクロ雑貨店
ツバクロざっかてん
MAP 付録 P.9 D-1
手作り雑貨に心温まる

ハンドメイド作家である店主が切り盛り。布作家や木工作家、陶芸家など約20名による手作りの雑貨は、眺めているだけでやさしい気分に。屋号にちなんだツバメモチーフの雑貨も。
☎なし 🏠中央区下山手通3-2-14林ビル3F西 🕐12:00〜18:30
🈂月・火曜(月曜が祝日の場合は火・水曜) 🚉JR元町駅から徒歩8分
🅿なし

G SUNDAYFISHGIRL
サンデーフィッシュガール
MAP 付録P.9 D-2

まるで女の子の部屋のよう

自由な発想でファッションや暮らし
を楽しむ女の子をコンセプトとし、
アクセサリーやコスメ、文房具、ド
リンクまで、国内外からセレクトさ
れたかわいいものが集まる店。

☎078-332-5210
所中央区北長狭通3-11-
11 福一ビル1F北
営12:30〜17:00
休月〜金曜不定休
交JR元町駅から徒歩4
分 Pなし

H Rollo Antiques
ロロ アンティークス
MAP 付録P.9 D-2

ヴィンテージの材料を探しに

オーナーが主にヨーロッパで買い付
けたボタンやビーズ、手作りの材料
が並ぶ。手芸初心者でも相談にのっ
てくれるので、お気に入りの素材探
しから始めてみては。

☎078-334-2505
所中央区北長狭通
3-11-9 野山ビル1F
営12:00〜19:00
休臨時休あり
交JR元町駅から
徒歩5分 Pなし

G くまキーホルダー
カラフルな熊が大
切なものの目印
に。友達とおそろ
いにしたり、プチ
ギフトにも人気。
各220円

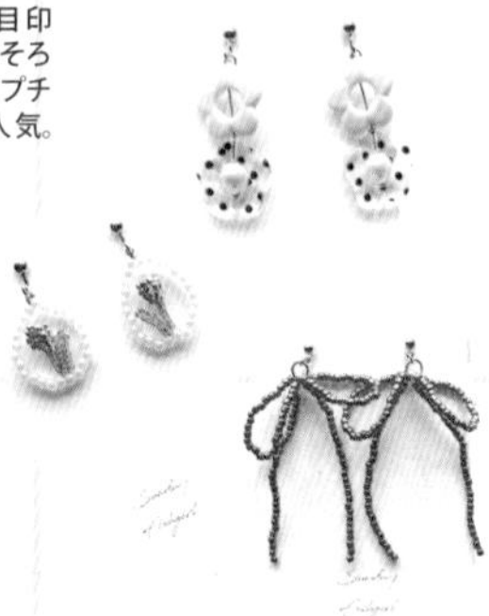

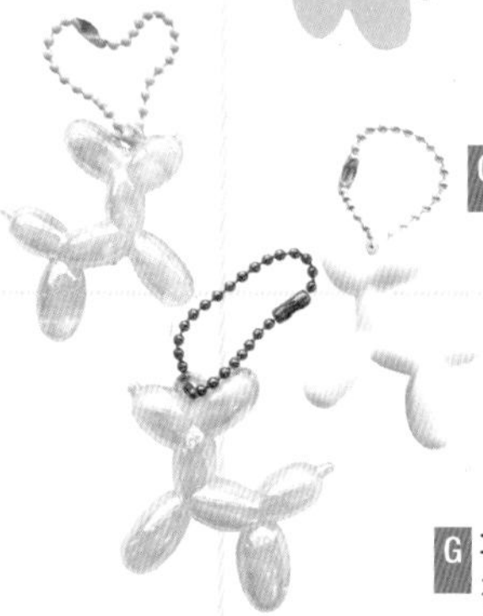

**G バルーン犬
キーホルダー**
バルーンアートの犬が
モチーフ。鍵やポーチ
などお気に入りのもの
につけて持ち歩こう。
ほかのカラーもある。
各440円

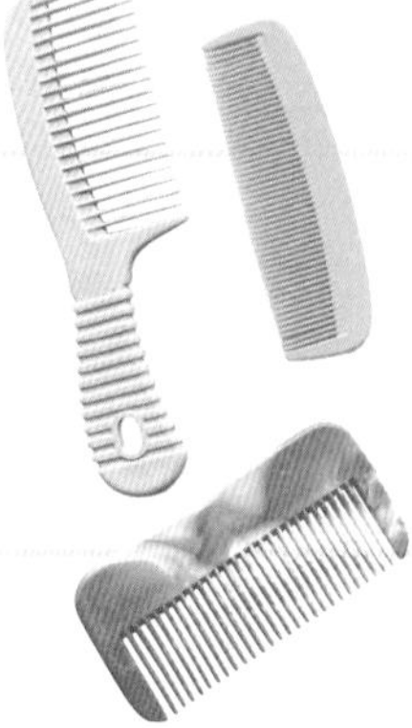

**G オリジナル
アクセサリー**
お店のスタッフが考
案したここだけのア
クセサリー。ファッ
ションに自由に取り
入れて。各660円〜

G コーム
カラフルで見た目も楽
しいコーム。持ち歩き
に便利なスリムでコン
パクトなサイズ感。各
110円〜

**H ベークライトエーデルワ
イスピアス、イヤリング**
ベークライトのヴィン
テージパーツのピアスと
イヤリング。各1980円

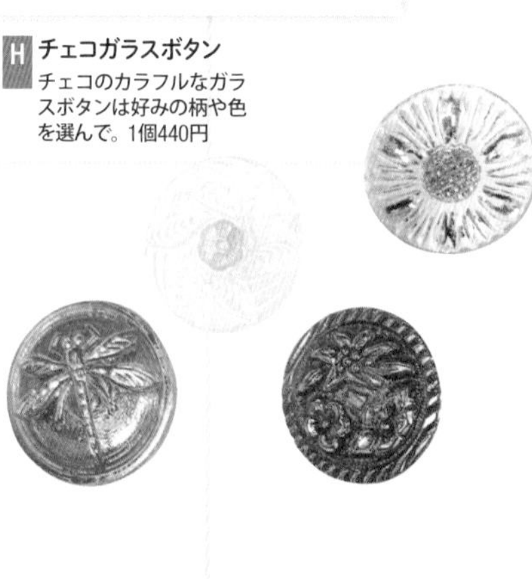

H チェコガラスボタン
チェコのカラフルなガラ
スボタンは好みの柄や色
を選んで。1個440円

**H チェコライン
ストーンボタン**
ヴィンテージのチェコ
ガラスでカットが綺麗
なボタン。各2200円

**H チェコハート
カボション**
チェコのヴィンテージカボ
ション。このまま張り付けて
ピアスやイヤリングに使える。
1個330円

港の思い出を日々の暮らしに

神戸ではイカリや船といった海をモチーフにした
グッズがたくさん。持ち帰って海の風を感じたい。

B オールド ファブリック
2725円〜（1枚）
60年代のものが中心。
船や水具さんモチーフ
でレトロ感が魅力

シェイプブック シリーズ 1100円〜
正面から見た船の形を
B したアメリカの絵本。
本棚に飾っても素敵

B アメリカのワッペン
660円〜（1枚）
女の子のシルエットが
キュートなマリンカラ
ーのワッペン

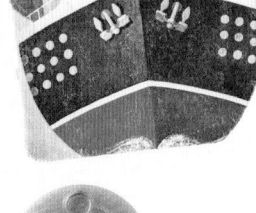

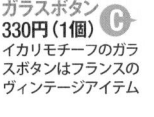

A
神戸六景ミニゴーフル 486円（1缶6枚）
観光名所の景色が描かれた
神戸地区限定のミニゴーフル

ガラスボタン C
330円（1個）
イカリモチーフのガラ
スボタンはフランスの
ヴィンテージアイテム

イカリチャーム
550円
存在感のあるゴールド
のイカリチャーム。バ
ッグにつけてワンポイ
ントにおすすめ
C

ヨット柄のボタン
C 440円（1個）
フランスのヴィンテージのヨット柄の
ボタン。ハンドペイントなので1つずつ
微妙にデザインが異なる

A 神戸風月堂 本店
こうべふうげつどうほんてん
MAP 付録 P.8 A-4
神戸で120年超の老舗
◯P.124/P.125

B Fabulous OLD BOOK
ファビュラス オールド ブック
MAP 付録 P.8 C-2
懐かしのアメリカの雑貨/P.
◯P.84

C Rollo Antiques
ロロ アンティークス
MAP 付録 P.9 D-2
洋服のワンポイントに！
◯P.86

カラフル＆キュートな最新雑貨

宝物を探すように小さな隠れ家を巡って

栄町通・海岸通

さかえまちどおり・かいがんどおり　MAP 付録P.12・17

レトロかわいい雑貨屋さんが多く見つかる。
日常がワクワクしたり、心がほっこり和んだり、
神戸だから出会える掘り出し物を探しに行く。

街歩きinformation

神戸のココ

新神戸駅
元町駅
三宮駅

アクセス方法

◉電車

JR元町駅	地下鉄三宮駅前（南行）
⏱徒歩3分	⏱約27分
栄町通1交差点	みなと元町駅前
地下鉄みなと元町駅	⏱徒歩すぐ
⏱徒歩すぐ	栄町通
栄町通	

◉シティーループ

街歩きのポイント

心地よいカフェで
ゆったり過ごす

雑貨店を1つずつ
訪ねて歩く

↑旧居留地寄りの海岸通沿いは、レトロな風情を残した建築が点在する

歩く・観る ● 栄町通・海岸通

古いビルをおしゃれ空間に変身させた
雑貨店やアトリエが並ぶカルチャー一通り

　旧居留地の西に、重厚な石造りのレトロビルが並ぶのは栄町通と海岸通。

　その2本の大通りに挟まれた、町名が通りの名前と同じ栄町通1〜6丁目と海岸通1〜6丁目の一角は、おしゃれな雑貨屋さんの集まるスポットとして人気を呼んでいる。なかでも評判の通りが、2本の大通りの真ん中を並行する静かな裏道の乙仲通。昭和初期には、海運貨物取扱業の事務所が並んだ通りで、業者を「乙仲さん」と呼んだことから通りの名がつけられた。

　海運業が盛んだった時代のレトロな中層ビルが今もこの通りに点在。それらが少しずつ改装されて、個性派の雑貨屋さんやブティック、アトリエが増えていった。神戸らしさの光る輸入雑貨やアンティーク家具、ハンドメイド小物など、繁華街では出会えないようなハイセンスな一品が見つけられる。レトロ空間を生かした快適なカフェも増加中だ。

元町駅
花隈駅
阪急神戸高速線
東海道本線(JR神戸線)
阪神神戸高速線
南京町 →P.68
みなと元町駅
栄町通
地下鉄海岸線
乙仲通
●海岸ビルヂング
阪神高速3号神戸線
海岸通
旧居留地 →P.54
神戸ポートタワー↓
浜手バイパス
♨メリケンパーク

Street
栄町通
さかえまちどおり

かつては金融街だった通りで、みなと元町駅やファミリアホールなど明治建築の名残も残る。

Street
乙仲通
おつなかどおり

かつて「東洋のウォール街」と呼ばれた、昔にタイムスリップしたかのようなレトロな街並み。

Street
海岸通
かいがんどおり

旧居留地南端から続く通り。神戸東西の幹線道路で、高速道路の高架も架かる。

88

時間を忘れてしまう居心地

まったりカフェ

かわいい雑貨屋さん巡りは何時間あっても足りないくらい。
途中でひと休みしてみるのはいかが?

⬆スタッフの手書きの看板が
迎えてくれる

⬆セレクトショップのようなおしゃれな雰
囲気が広がる店内

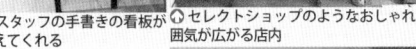
⬆大きくカットした梨が山盛りの梨の豆腐
ティラミス(秋限定)

豆腐スイーツをはじめとした
ヘルシーなメニューを堪能

KAYA cafe
神戸もとまち店

カヤ カフェ こうべもとまちてん

MAP 付録P.12A-2

枡に入った豆腐ティラミスが有名な
カフェが神戸に進出。趣のある木製
のテーブル席とカウンター席があ
り、スイーツやオムライスなどのラ
ンチも楽しめる。大人気の豆腐ティ
ラミスは、イチゴや栗、シャインマ
スカットなど、季節のフルーツや食
材をトッピングして仕上げている。

☎078-381-6558
🏠中央区栄町通3-1-18ハーバービル3F ⏰
11:00〜19:00(LO18:00) 🈺不定休 🚉JR
元町駅から徒歩7分 🅿なし

⬆イチゴの豆腐ティラミス(左)と写真映えする天使のいちごみるく800円(右)

築約100年の洋館が似合う神戸の老舗カフェ

ALLIANCE GRAPHIQUE

アリアンス グラフィック

MAP 付録P.12A-2

ビルの裏手、元倉庫を改
装してカフェができたの
は1992年のこと。以来お
茶もお酒も食事も楽しめる
店として、ずっと神戸
の街を見守ってきた。世
代を超えて愛されている
落ち着いた店。

⬆アラブ系フランス人に教えてもらった
カレードリアは店の看板メニュー

☎078-333-0910
🏠中央区海岸通3-1-5海岸ビルヂング1F ⏰11:30〜23:00 🈺不定休
🚉JR元町駅から徒歩5分／地下鉄・みなと元町駅から徒歩3分 🅿なし

⬆築100年を超えるビルならではのたたずまいがカフェによく合う

A PoLeToKo
ポレトコ
MAP 付録P.12 B-2

「ぽれぽれ動物」が集まる
全国で唯一のショップ

手づくり雑貨「ぽれぽれ動物」の
すべての種類が揃う店。天然の木
のぬくもりを感じる動物たちは1
つずつ手作り。
☎078-393-1877 ⑰中央区栄町通1-1-
10 ⑱11:00〜18:30 ⑯水曜 ⑳JR元
町駅から徒歩5分 ⑰なし

B værelse
ヴェアルセ
MAP 付録P.12 A-2

眺めているだけで暖かくなる
北欧の毛糸と雑貨が並ぶ店

北欧の色とりどりの毛糸が並ぶ暖
かさを感じる店内。ヨーロッパの
ヴィンテージ雑貨も愛らしく、連
れて帰りたくなる。
☎078-392-2536 ⑰中央区栄町通3-1-7
栄町ビルディング3F ⑱11:00〜18:00
⑯火・水曜 ⑳JR元町駅から徒歩5分 ⑰なし

C lotta
ロッタ
MAP 付録P.12 A-1

暮らしをハッピーにしてくれる
北欧&日本の手仕事の作品

北欧のヴィンテージ食器や、日本
の作家による手仕事の作品が心地
よく融合した空間。日々の暮らし
に寄り添う雑貨が集まっている。
☎078-599-5355 ⑰中央区栄町3-1-11
乙仲アパートメント1F ⑱11:00〜18:00
⑯水曜 ⑳JR元町駅から徒歩5分 ⑰なし

D horejon
オレジョン
MAP 付録P.12 B-2

何気ない日常を豊かにする
ライフスタイルショップ

植物が溢れる店内に、ヴィンテー
ジ雑貨や古衣服、こだわりの日用品
が並ぶセレクトショップ。日々の
彩りを加える商品が手に入る。
☎078-321-2048 ⑰中央区海岸通
2-4-14 2F ⑫12:00〜19:00 ⑯火・水
曜 ⑳JR元町駅から徒歩5分 ⑰なし

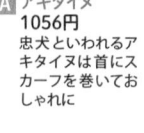

A アキタイヌ
1056円
忠犬といわれるア
キタイヌは首にス
カーフを巻いてお
しゃれに

A ティラノサウルス
1155円
迫力あるティラノサウ
スルが穏やかな表情と
かわいい姿で登場

A トリケラトプス
1155円
全身が黒いフォルムが
珍しい仕上がりのトリ
ケラトプス

A バク
1056円
黒と白の色使いが
特徴のバク。丸い
体と小さい耳が
キュート

**B 花と蕾の
ニット帽**
2860円
ホルストガーン
を使用して編む
あたたかいニッ
ト帽

神戸テイストの雑貨を探す
栄町通・海岸通の
雑貨屋さん

レトロなビルが並ぶエリアには、おしゃれな
雑貨屋さんが軒を連ねる。アンティークや
輸入雑貨、ほかでは手に入らないオリジナル商品が
多いのは、大人の街・神戸ならではのお楽しみ。

C ショール
1万1000円
Tamaki niimeの
ショールはふん
わり、やさしく、
色も豊富。どれ
にするか悩んで
しまう

**B Fyn 三角模様の
ショール**
3050円〜
イサガー毛糸の夏糸とアルパカ糸を
引き揃えて編む三角模様のショール

D インドで作られたバッグ
インドのトラックの座席カバーと
して流通している生地を使用。一
つ一つ違った表情が見える

**C スクエアプレート 4950円
豆皿 1080円**
丹波焼作家・大西雅文氏の作品は
独創的ながら使いやすいと評判

**C カップ&ソーサー 8250円
ケーキプレート 3300円**
温かみのある北欧ヴィンテー
ジ・rune。日本の暮らしにも
調和する

食べる

❖

世界とつながる港町には、華やかな
異国文化が根付く。洋食や中華など
各国の洗練された技法と食材。
神戸の料理には、
人々が受け入れてきた異国の情緒と
時代の変化による革新が織りなす、
新旧の融合を感じる。

開港とともに
歩み続ける
神戸の食文化

御予約席

↑ホタテと彩野菜のブーケ仕立て。見た目も美しく、テーブルを華やかにしてくれる

↑オマール海老を贅沢に使用したリヨン名物のクネルドポワソン

↑素晴らしい眺望が見られる軽やかな雰囲気が、洗練された美食の世界を彩る

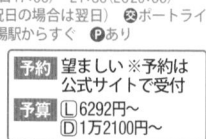

リヨンの名店の味を
神戸で味わえる幸せなひととき

フランス料理

トランテアン

ポートアイランド **MAP** 付録P.3 E-4

フランス・リヨンの2ツ星「ラ メール ブラジィエ」初の提携店。年に2度リヨン本店のシェフが訪れてメニュー構成を行う。リヨンの伝統料理とオリジナルメニュー、両方を楽しめる。

☎078-303-5207(レストラン総合案内)
🏠中央区港島中町6-10-1 神戸ポートピアホテル本館31F ⏰11:30〜15:00(LO14:00) 17:30(土・日曜、祝日17:00)〜21:30(LO20:00)
🈺月・火曜(祝日の場合は翌日) 🚃ポートライナー・市民広場駅からすぐ Ｐあり

予約	望ましい ※予約は公式サイトで受付
予算	Ｌ6292円〜 Ｄ1万2100円〜

↑女性初の3ツ星シェフとなった初代オーナーシェフなど、さまざまな写真が歴史を物語る

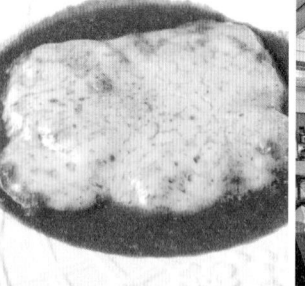

食べる●神戸ごはん

記念日の招待席にふさわしい

ワンランク上です。
フレンチ&イタリアン

高いレベルをキープし続けるフレンチとイタリアンのレストランが多い神戸の街。
なかでもひときわクリエイティブで温かなもてなしに定評があり、人々に愛され続ける4店をご紹介。

外国人の社交場として生まれた
神戸初のリストランテ

イタリア料理

リストランテ
ドンナロイヤ

北野 **MAP** 付録P.7 D-3

昭和27年(1952)、イタリア人のジュゼッペ・ドンナロイヤが外国人の社交場として創業した神戸一古いリストランテ。創業当時の味と今のイタリアンを融合させた独自の料理で多くのファンに愛される。

☎078-261-9291
🏠中央区加納町2-5-1 ⏰11:30〜14:30(LO14:00) 17:00〜22:00(LO21:00、変動する場合あり) 🈺第1火・水曜(祝日の場合は翌日) 🚃JR三ノ宮駅から徒歩13分 Ｐあり

↑創業以来、数々の人に愛されてきた料理、仔牛カツレツパルミジャーナ4840円(税サ込)

予約	望ましい
予算	Ｌ1800円〜(平日) Ｄ6000円〜(税サ込)

↑往時の優雅な社交場の雰囲気を残したクラシカルな店内

食材選びに妥協なし
日本人ならではのフランス料理

フランス料理

Cuisine Franco-Japonaise Matsushima

キュイジーヌ フランコ ジャポネーズ マツシマ

北野 **MAP** 付録P.6A-3

店名のとおり、日本中を奔走し、おいしい食材選びに努力を惜しまない松島シェフが、日本人にしかできないフレンチを作り上げる。食材の力を存分に生かした力強い味わいにはファンも多く、コストパフォーマンスも秀逸。

☎078-252-8772
所中央区山本通3-2-16 営12:00～13:30(LO)
17:30～21:00(LO) 休月曜、月1回不定休
交JR三ノ宮駅から徒歩15分 Pなし

↑北十勝ファーム短角牛のロースト 佐久米とあさり（6930円のコースより）
←16席のテーブルに加え、離れに気兼ねなくくつろげる8席までの個室も用意

予約	要	
予算	Ⓛ7000円～	
	Ⓓ7000円～	

↑「日本人である松島が作るフランス料理」が店名。日本にしかないフレンチが味わえる

↑シンプルかつモダンな雰囲気の店内は、シェフがイメージする深海の隠れ家
←県内のものを買い付けて調理する前菜の一皿

←シチリアで伝え継がれてきた技術を現代料理に昇華させた一皿

繊細な仕事と温かなもてなしで
供する洗練のシチリア料理

イタリア料理

Cucina Siciliana VACANZA

クチーナ シチリアーナ バカンツァ

北野 **MAP** 付録P.6A-3

現地でその腕を鍛えた島田シェフが、魚介と新鮮な野菜をふんだんに使うシチリア料理を見事に昇華して繊細な仕事を施す。マダムとのコンビネーションで、一軒家のごちそうに招かれたようなもてなしの温かさも特筆ものだ。

☎078-222-0949
所中央区山本通2-6-11
営12:00～14:30(LO13:00) 17:30～
21:30(LO20:00) 休火曜、第2水曜
交JR三ノ宮駅から徒歩10分 Pなし

↑「お客様の幸せのために」心血を注ぐシェフの思いが息づく

予約	要	
予算	Ⓛ1万1000円～	
	Ⓓ1万6500円～	

舌にのる贅沢
極上ステーキ

和牛のトップブランド神戸牛は世界の美食家をも
魅了する最高峰。老舗レストランで厳選された
ステーキを堪能しよう。

➔鉄板を囲むようにし
つらえられた店内。1〜
3階に席があり、支店も
ほど近くにある

約140年間変わらず愛される
素材重視を貫く神戸の老舗

神戸ステーキレストラン
モーリヤ本店

こうべステーキレストラン モーリヤほんてん

三宮・元町 **MAP** 付録P.10 A-2

予約	可
予算	Ⓛ6840円〜
	Ⓓ8040円〜

素材重視を貫くため、まずは赤穂の塩だけ
で食べてもらう。そのスタイルに惚れ3世
代で通うファンもいるという。供する肉は、
神戸牛をはじめ、その流れの但馬系統牛の
み。しっかりと熟成させて用いるのも特徴。

☎078-391-4603
㊏中央区下山手通2-1-17 ⊕11:00〜22:
00(LO21:00)ランチは〜15:00 ㊡不定休
㊢JR三ノ宮駅から徒歩5分 Ⓟなし

➔大通りに面しており、すぐに
見つかる店構え(左)、こだわりの
厚さ24mmの鉄板で、熟練シェフ
が六面焼き。サーロインやフィレ
など、どのお肉も焼き上げる前の
状態をチェックさせてくれる。人
気はサーロイン(右)

➔ディナーコースには前菜とスープなどがセット

神戸牛ステーキ サーロイン170g
Bコース2万2730円(税込)
肉の旨みを逃さぬように六面焼きで仕上げる
のが特徴。鮮やかな霜降り肉は、口に入れると
サッと溶けてなくなっていく感覚が味わえる

目の前でシェフが魅せる!
こだわりの神戸ビーフを堪能

予約	可
予算	Ⓛ4500円〜
	Ⓓ1万3900円〜

ステーキハウス
オリエンタル

ベイエリア **MAP** 付録P.17 D-4

➔夜景を眺めながら贅沢
ディナー(上)、上質な肉を
シェフが目の前でていねい
に調理してくれる(下)

世界の美食家を魅了する神戸ビーフをはじめ、極上の
牛肉や厳選した旬の食材を「一番おいしい瞬間」にこ
だわって提供するステーキハウス。熟練のシェフが仕
上げる料理と、最上階からのロマンティックな港の絶
景を楽しみたい。

☎078-325-8110
(10:00〜17:00)
㊏中央区波止場町5-6 神戸メリケンパー
クオリエンタルホテル14F ⊕ランチ
11:30〜15:00(LO14:30)、ディナー17:
00〜21:00(LO20:00) ㊡無休 ㊢JR
元町駅から徒歩15分 Ⓟあり

ステーキ ディナー
神戸ビーフ2万900円
風味豊かな神戸ビーフ(ロース80g)がメ
インのコース。前菜、オリエンタルサラダ、
季節の焼野菜、デザートなど全7品

食べる●神戸ごはん

⬆店内はカウンター席が並ぶ。奥に広いので大人数でも可

予約	可
予算	Ⓛ6120円〜（サ別）Ⓓ1万円〜

炙るように焼く
独自のステーキは極上
あぶり肉工房 和黒
北野坂本店
あぶりにくこうぼう わっくくきたのざかほんてん

北野 **MAP** 付録P.6 C-3

兵庫県但馬牛を素牛とした最高品質の肉のみを使用し、炙るように焼き上げる。粗塩やマスタード、独自の和黒風たれと、さまざまな味わいで楽しめるため、多めに注文することが多いそう。

☎078-222-0678
🏠中央区中山手通1-22-13ヒルサイドテラス1F ⏰12:00〜21:00（ランチは〜15:00）🚫無休 🚉JR三ノ宮駅から徒歩10分 🅿なし

特選和黒コース200g
1万5680円（サ別）
噛みしめるたびに旨みがじゅわっとあふれる。ワインと一緒にゆっくりと楽しみたい

⬆ディナーのコース料理にはサラダと焼き野菜がセットで付く

⬆コースのオードブルとして供される、手間のかかった特製コールドビーフ

蒸し焼きスタイルの
元祖鉄板焼店
元祖鉄板焼ステーキ
みその神戸本店
がんそてっぱんやきステーキ みそのこうべほんてん

三宮・元町 **MAP** 付録P.10A-1

神戸牛をはじめ、最上級のA4〜5ランクの特選黒毛和牛を用いる老舗。いかにおいしく焼き上げるかを考え、ステンレス製フライパンを蓋にした最初の店。日本人に合わせたガーリックライスなども考案している。

☎078-331-2890
🏠中央区下山手通1-1-2みそのビル8F ⏰11:30〜14:30(LO13:30) 17:00〜22:00(LO21:00) 🚫無休 🚉JR三ノ宮駅から徒歩10分 🅿なし

特選神戸牛サーロインAコース
ランチ2万4200円
ディナー2万6620円
150gの神戸牛はもちろん、前菜に焼き野菜、サラダにデザート盛り合わせがセットになった充実のコース

⬆鉄板の向こうには、三宮の夜景が広がるナイスロケーション

⬆鉄板の前に立つ熟練シェフの手さばきを見るのも楽しい

港町KOBEが育んだ看板メニュー

老舗の洋食店にて

江戸の昔から、外国人たちが闊歩する神戸の街で、
船客たちの舌を満足させてきた料理人たちが開いた洋食店。
今もその味を守り続ける代表的な4店をご紹介。

⬆窓からは中華街の風景を望める神戸らしい場所に位置する落ち着いた空間(伊藤グリル)

伊藤グリル
いとうグリル

三宮・元町 **MAP** 付録P.8 C-4

大正の高級洋食の流れをくむ
神戸洋食のオリジネーター

神戸洋食の老舗中の老舗といえば、大正12年(1923)創業、現在4代目の伊藤享治氏がその味を今に伝えるこの店。初代からの味を守るコク深いビーフシチューと3代目が考案した窯で焼く炭火焼きステーキを二枚看板に、現代人の舌にも響く味を探求し続ける。

⬆同じビル内には、姉妹店アシェットも

☎078-331-2818
🏠中央区元町通1-6-6 イクシマビル2F
🕚11:30～14:30 17:30～19:30(LO)
🚫火・水曜 🚃JR元町駅から徒歩5分 Ｐなし
※2023年10月現在、ディナータイム完全予約制

予約	要
予算	Ⓛ3300円～ Ⓓ6600円～

⬆肉の旨み、ソースの旨みが最高の調和を誇る逸品、ビーフシチュー2800円

グリル一平 元町東店
グリルいっぺい もとまちひがしてん

三宮・元町 **MAP** 付録P.8 B-4

神戸人なら誰もが愛する
これぞ王道のオムライス

昭和27年(1952)、当時の一大歓楽街、新開地に生まれた庶民派王道洋食店。店の命は、創業当時からの継ぎ足しに毎日4～5日かけて仕込まれる少し苦みの利いた濃厚デミグラスソース。神戸洋食の料理人が一目置く極薄オムライスにとろりとかかる。

☎078-599-5785
🏠中央区元町通2-3-2地下1階 ジェムビル
🕚11:00～14:30 17:00～20:00 🚫木・金曜
🚃JR元町駅から徒歩3分 Ｐなし

⬆現在店舗は新開地本店、三宮、西宮などの4店舗

⬆ライスが透けて見えるほどの極薄オムライス1000円

⬆ヘレカツ東セット100g2800円。元町東店限定のお得なセット

予約	不可
予算	Ⓛ1000円～ Ⓓ1000円～

⬆阪神・淡路大震災で全壊してしまったかつての店の小物やライトもそのまま使われている（グリル十字屋）

グリル十字屋
グリルじゅうじや

旧居留地 **MAP** 付録P.14 B-1

80年以上守り継がれた
手間を惜しまぬデミの味わい

創業昭和8年（1933）、オランダ人シェフに料理を学んだ料理人のご夫妻が始めた洋食店。当時から変わらないデミグラスのレシピをはじめ、ていねいに作られる上品な洋食は、世代を超えて愛されている。

☎078-331-5455
所中央区江戸町96 ストロングビル1F
営11:00〜14:30（LO）17:00（土曜、祝日17:30）〜19:30（LO）休日曜 交JR三ノ宮駅から徒歩8分 Pなし

⬆デミグラスの味に惚れ込んだ客が毎日訪れる

予約	可
予算	Ⓛ1500円〜
	Ⓓ2500円〜

⬆ポークチャップ1450円（手前）、シチュービーフ2450円（奥）

グリルミヤコ

三宮・元町 **MAP** 付録P.16 C-1

一等船客の舌を満たしてきた
味とスタイルを引き継ぐ名店

かつてアメリカ航路の一等船客に料理を提供していた先代が昭和40年（1965）に開いた洋食店。その名残で、船が揺れてもシチューが流れぬようシチューの周りをマッシュポテトで囲むスタイルが特徴。

☎078-362-0168
所中央区元町通5-3-5 ヴィラ元町
営11:00〜14:30（LO13:30）17:30〜20:00（LO19:30）休金曜（祝日の場合は営業）、臨時休業あり 交JR元町駅から徒歩8分 Pなし

⬆ドゥミグラスは、船上を含め100年以上追い足されてきた

⬆ハンバーグ＆エビフライ。ランチ1000円、ディナー1100円

⬆肉よりソースを食べるというほどの一級品のソースが店の名物。ビーフシチュー2400円

予約	可
予算	Ⓛ1000円〜
	Ⓓ1500円〜

本気の料理が深夜まで
楽しめるビストロ&カフェバー

forum
フォーラム

三宮・元町 **MAP** 付録P.9 E-2

シェフが腕をふるう、使い勝手抜群のビストロ。魚屋からその日届いた新鮮魚介の料理と自家製シャルキュトリーなど、メニューの豊富さも特筆もの。

☎078-392-6337
所中央区北長狭通3-11-18 朝日マンション2F 営18:00〜23:00(金・土曜は〜24:00)
休火曜
交JR三ノ宮駅から徒歩8分
Pなし

| 予約 | 可 |
予算
Ⓓ8000円〜

●本日の前菜盛り合わせ2000円
パテドカンパーニュ、リエットなど手間をかけた盛りだくさんな必須メニュー

●本格フレンチをカジュアルに楽しめる

●グリーンを配した店内は「夜の公園」をイメージしたもの

おしゃれな皿たちに囲まれて

気軽なバル&ビストロ

料理はおいしくてお酒も多彩、おしゃれにカジュアルに楽しめる。
そんな神戸バルとビストロの代表格をご紹介。

食べる●神戸ごはん

おいしいものとお酒で盛り上がる
小さな店にバールの楽しさ満載

予約 可
予算
Ⓓ3000円〜

バール アブク

三宮・元町 **MAP** 付録P.9 E-2

2022年、豚ホルモン串焼きとおばんざいとワインのお店にリニューアル。おいしい食事はもちろん、フレンドリーなスタッフも大きな魅力の人気のバール。

☎078-392-7468
所中央区北長狭通2-5-17 メープル三宮1F
営18:00(土・日曜、祝日16:00)〜翌1:00(LO24:00) 休不定休 交阪急三宮駅から徒歩5分 Pなし

●2022年に改装し、明るく入りやすいお店に

●一番人気のタン。シチリアの天日干ししたミネラルたっぷりな天然海塩を使用。200円

海老マヨ
650円
おばんざいの目玉は柚子胡椒でピリッと刺激のある海老マヨ。大人気の一品

スペインの「今」の料理が
存分に味わえるバル

La Luna
ラルナ

三宮・元町 **MAP** 付録P.9 E-2

年に一度は現地を訪れ、料理の
トレンドはもちろん食材、調味
料を調達。リアルな「今」のスペ
イン料理を食べさせてくれるバ
ル。シェリー酒も40種以上と神
戸で一、二の品揃えを誇る。

☎078-391-8353
所中央区下山手通2-4-13永都ビル神
戸一番館2F 営17:00〜翌2:00
休無休 交JR三ノ宮駅から徒歩10分
Pなし

牛ハラミのアヒージョ(奥) 1000円
海の幸のパエリア(小、手前) 1900円
定番の2品。アンダルシアのバルで勉強した
レシピに独自のアイデアを加えた絶品

⬆ビルの2階にあるリトル・スペインの
趣。フードだけでなく、現地の情報交
換の場でもある

⬆店内はスペインタイルが印象的。白い壁面を
使った個展なども不定期に開催している

予約 可
予算
Ⓓ3000円〜

キャッチーな料理がずらり
神戸ビストロの代表格

Bar & Bistro 64
バー&ビストロろくよん

旧居留地 **MAP** 付録P.13 F-2

神戸旧居留地のランドマーク的存在
となったビストロ&バー。キャッチ
ーな料理と多彩なドリンクメニュー
で、一日中楽しめる。ケーキは神戸
の人気パティスリーから。

☎050-3066-9685
所中央区浪花町64番地 営11:00〜23:00
休不定休 交JR三ノ宮駅から徒歩8分 P
なし

⬆店内60席、テラス
46席のビストロ。夏
はテラスを利用した
ビアガーデンなどイ
ベントも開催
⬆シンプルな白壁が
神戸らしいおしゃれ感
満載の外観。パーティ
にもぴったりの雰囲気
で、各種プランも用意

予約 可
予算
Ⓛ1000円〜
Ⓓ3000円〜

64のブイヤベース(上) 2805円
64名物! ナポリタン
スパゲッティ(下) 1408円
オープンから変わらず一番人気の名物
ナポリタンと、魚介の旨みがぎゅっと
詰まった64のブイヤベース。どちらも
ボリューム満点の人気メニュー

伝統の調理術が最高の芸術品を作る

高級中国料理店に食材の華やぎをみる

異国文化の街、神戸には本格的な中国料理店が揃う。
手軽に注文できる一皿からしっかり味わうコース料理まで、逸品を堪能。

↗ビルの4階にあるため、通りを歩いているだけでは見つけづらいので注意を

↑カウンター席とテーブル席で構成。店内には水槽があり、そこから魚を選ぶことも可能

ワタリガニのシンガポール風チリソース炒め　時価
淡路島の岩屋など瀬戸内海から届く鮮度抜群のカニを使用。ほんのり辛いが、カニの旨みはしっかり

↑生きたカニをさばいてすぐにフライパンで調理。このスピードも素材の味を引き出す秘密

全国から届く厳選食材をモダンな香港&四川料理に昇華

施家菜
シーカサイ

予約	要
予算	Ⓛ2880円〜 Ⓓ1万2000円〜

北野
MAP 付録P.6 B-4

北野異人館近くに店を構える。現地へ赴き、最新の香港&四川料理にふれながら、瀬戸内の魚介や丹波産野菜などを用いたモダンシノワを展開。高級感がありながらアラカルトで気軽にオーダーできるのも魅力。

☎078-291-0168
所中央区中山手通2-10-21 伸野第2ビル4F
営11:30〜14:30 17:30〜21:30　休火曜
交JR三ノ宮駅から徒歩8分　Pなし

贅沢な食材をふんだんに使った神戸人も通い続ける老舗広東料理

神戸元町別館牡丹園
こうべもとまちべっかんぼたんえん

三宮・元町 **MAP** 付録P.9 D-4

本格的なコース料理や季節メニューのほか、気軽にランチでも楽しめるアラカルトメニューも豊富。広島のカキから作る自家製オイスターソースをはじめ、調味料や食材にはしっかりこだわる。

☎078-331-5790
所中央区元町1-11-3　営11:00
〜15:00(LO14:30) 17:00〜21:00
(LO20:00)　休水曜　交JR元町駅
から徒歩3分　Pなし

予約	可
予算	Ⓛ1320円〜 Ⓓ6600円〜

↑大人数でも利用しやすいように個室もあり
↑自家製オイスターを用いたイカの豆鼓炒め2860円

海老のマヨネーズあえ　3300円
自家製酵母を用いて天ぷらとは異なるサックリ食感を生み出す。ソースのほのかな甘みもクセになる

常に進化する技法と味わい
神戸中華の最新スタイル

China Bistro EVOLVE
チャイナビストロ エヴォーブ

三宮・元町 **MAP** 付録P.6 B-4

香港スタイルの広東料理と四川料理をベースに、和や洋のニュアンスもバランスよく融合させた料理を提供。シェフおまかせのコースで、おしゃれな空間で本格的かつ独創的な一皿をいただける。

☎078-855-4800
🅟中央区中山手通1-25-6ラ・ドルレイビル7F 🕐18:00〜20:00(LO) 🈳日曜、月2回不定休 🚃JR三ノ宮駅から徒歩15分 🅿なし

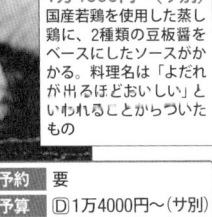

四川名物よだれ鶏
（コースの一部）
1万4000円〜（サ別）
国産若鶏を使用した蒸し鶏に、2種類の豆板醤をベースにしたソースがかかる。料理名は「よだれが出るほどおいしい」といわれることからついたもの

予約	要
予算	Ⓓ1万4000円〜（サ別）

⬆落ち着いた雰囲気の店には、4名席2つ、2名席1つがあり半個室仕様

⬆自家製の焼き豚（コースの一部）は山形県平田牧場の金華豚を使用。予約時間に合わせて焼きたての焼き豚は絶品の味わい

⬆中華ではまだ珍しいカウンター席は6席。シェフが料理する姿を目の前で見られる

点心が
円卓を
賑やかに

飲茶の名店で多彩な祝祭

種類豊富に並べられる点心は、1つずつに名店ならではの技巧が光る逸品揃い。時間を忘れてゆっくりと味わいたい。

香港茶楼
ホンコンちゃろう

三宮・元町 **MAP** 付録P.9 D-3

長年愛される
飲茶のコース

昭和54年(1979)から飲茶を広めてきた老舗。香港の点心師が、日本人の好みに合うようあっさりと仕上げる点心はほっとする味わいで美味。長年据え置きの値段もうれしいポイントだ。宴会にもおすすめ。

☎078-391-5454
🅟中央区北長狭通3-2-3ニューグランドビル2F 🕐11:30〜15:00(LO) 17:00〜19:30(LO) 🈳水曜(祝日の場合は翌日) 🚃JR元町駅から徒歩3分 🅿なし

⬆落ち着きある雰囲気

⬆飲茶のフルコース2800円。オードブル3種、蒸し物5種、揚げ春巻と揚げゴマ団子2種、エビのお粥、あんかけ焼きそば、杏仁豆腐と充実。予約なしで1からコースの注文可

Liang You 良友
リャンヨウ

三宮・元町 **MAP** 付録P.9 E-3

繊細な点心に舌鼓

中国料理の名店「良友酒家」の2代目が手がける。モダンな空間で、飲茶をゆったりと満喫できる姉妹店。本場の点心師による繊細な味わいを、手ごろなコースで堪能できる。アラカルトやドリンクメニューも充実。

☎078-333-6684
🅟中央区三宮町3-9-20 🕐11:15〜14:20(LO) 17:00〜20:30(LO) 🈳火曜、月1回不定休 🚃JR元町駅からすぐ 🅿なし

⬆天井が高く、モダンなデザインで個室も備えている

⬆飲茶コース1870円。サラダ、自家製点心5種、揚げ春巻、ヤキメシなど3種から選べる締め、2種から選べるデザートがある

鮮度抜群の鮮魚を自在に操る

喜市
きいち

北野 **MAP** 付録P.10 B-1

明石で揚がった新鮮な魚が店内の水槽で泳ぐ居酒屋。刺身はもちろん煮魚に焼き物など、多彩なアレンジでサーブしてくれるだけでなく、全国から揃えたこだわりの日本酒とともにいただけるのが魅力。しっかりめの食事に、2軒目にと、幅広いシーンで活躍する。

☎078-321-0126
🏠中央区中山手通1-1 ロンロンビルB1 🕐17:30
～翌2:00(日曜、祝日は～23:00) 🈳不定休 🚃
JR三ノ宮駅から徒歩3分 🅿なし

予約	可
予算	Ⓓ5000円～

酒が進むホウボウの
酒蒸し 650円～
天然鯛にも劣らぬ上品な味わいが特徴のホウボウは、酒蒸しがおすすめ。あっさりとした味わいで酒との相性も良い。価格は時価のため変動あり

↩神戸らしい上品な味わいに仕立てたメイタカレイの煮付け800円～

神戸の食材を
ふんだんに使ったメニュー

地魚・
地野菜の歓び

地元を愛する料理人が
産地からこだわった特別な一品を楽しめる。
神戸生まれの新鮮で旬な食材を生かして作る
温かい味わいをご紹介。

お好み3品盛り1320円～
この日のお好み3品盛りは、イサキに鯛、カツオの炙りの3品。どれも瀬戸内から当日直送されているので鮮度抜群

↩秘伝のブレンド味噌に漬け込んだ西京焼き1100円は必須

↩店主との会話を楽しめるカウンターが特等席。テーブル席もあり

予約	可
予算	Ⓛ1000円～
	Ⓓ3000円～

良質目利きは元魚屋だからこそ

わさびと魚
わさびとさかな

三宮・元町 **MAP** 付録P.9 D-2

祖父が魚屋をしていたから目利きは抜群。淡路や明石の地物を中心に、全国から厳選した魚を集める。また、天然鯛は1日寝かせるなど調理法や魚に合わせててていねいな下処理を行うことも特徴。予約時に好みを伝えれば、その魚を用意するなどの配慮もしてくれる。

☎078-321-1300
🏠中央区下山手通3-6-4 西田ビル1F 🕐12:00
～14:00(売り切れ次第終了) 17:30～22:30
🈳不定休 🚃JR元町駅から徒歩3分 🅿なし

一晩で30品目の野菜摂取も可能
体にも舌にもおいしい野菜ごはんたち

菜っぱ
なっぱ

三宮・元町 **MAP** 付録P.9 E-4

店主の実家や契約農家などで有機無農薬栽培された種類豊富な野菜を使った多彩な和料理を揃えるお店。一皿に使われる野菜の品目が多く、肉や魚を使った料理にも必ず野菜がたっぷり。昼からのヘルシーなランチは行列必至。

☎078-332-5032

所中央区三宮町3-2-1 力餅ビル2F 営11:30〜14:30 17:30〜21:00 休不定休 交JR元町駅から徒歩3分 Pなし

予約	可
予算	L 1430円〜
	D 3500円〜

いろいろ野菜の和風マリネ(手前)700円
15品目の野菜サラダ(奥)900円

8種以上の野菜をカツオだしベースバジル風味にしたマリネと滋味豊かな野菜の味が15品目も味わえる人気のサラダ

🡆大丸神戸のはす向かい、小さな看板の横の階段を上がっていく

🡅落ち着いた木のカウンターとテーブル席。ワインや日本酒など、野菜料理によく合うおすすめを揃えている

おばんざいのもりあわせ
日替わり5種盛り 1265円

その日入った旬の野菜を使った日替わりのお惣菜10種の小鉢から選べる。4種盛り1078円、7種盛り1694円

🡅野菜がいっぱい置かれた店頭が目印。交通センタービルにも姉妹店あり

地産地消の季節の野菜料理たっぷり
日頃忘れがちな旬のおいしさ発見

VEGETABLE DINING 農家
ベジタブル ダイニング のうか

三宮・元町 **MAP** 付録P.9 D-3

店名のとおり、地元神戸市西区や淡路の農家などから仕入れる地産地消の野菜やお米、卵、お酒、地元産の肉や鶏など滋味豊かな食材がたっぷり。小鉢料理や備長炭で焼き上げた肉巻野菜がおすすめ。

☎078-392-0557

所中央区北長狭通4-2-17 営11:00〜14:30(LO14:00) 17:00〜23:00(LO22:30) 休無休 交JR元町駅からすぐ Pなし

🡆1階は掘りごたつ、2階はカウンター、3階は15名から貸切宴会も可

予約	可
予算	L 980円〜
	D 3000円〜

庶民派グルメの代表格
そばめし

白いご飯と蒸しそばを
細かく刻み、さまざまな具と
ソースを混ぜ込んで作る
神戸下町発祥の料理。

個性が光るソースと親しみやすい食材で
何度でも食べたい味わいに

長田タンク筋

ながたタンクすじ
三宮・元町 **MAP** 付録P.10 B-3

そばめしの本場・長田で育ったオーナーが
手がける逸品は、特注麺とこだわりソース、
そして3日間煮込んだ甘めの牛スジが味の
決め手。濃厚な味わいながら、ピリリと後
を引く辛さがさわやか。

☎078-962-6868
所中央区三宮町1-8-1 さんプラザB1 営11:00〜
22:00 休火曜 交JR三ノ宮駅から徒歩5分 P
なし

こだわりソースが味の決め手

牛すじぼっかけそばめし
（玉子入り）982円
風味の異なる4種のソースで複
雑な味わいを演出。玉子で味の
変化も楽しめる

⬆カウンターにも長い鉄板が鎮座し、アツアツを
コテで食べることができる

⬆さんプラザ内の奥に位置するお店。大き
な暖簾が目印の入口

ひかりや

三宮・元町 **MAP** 付録P.11 E-1

そばめし発祥の店ともいわれ、看板メニュ
ーは「やきめし」と呼ばれ親しまれている。
製麺所に独自にオーダーしている麺が生む
カリッとした食感がやみつきになる。ボリュ
ームはありながらも薄味仕上げ。

☎078-231-6947
所中央区琴ノ緒町4-1-399 営17:00〜21:30
休不定休 交JR三ノ宮駅から徒歩1分 Pなし

⬆奥に広い店内はテーブル席でゆったり味わえる

昔ながらのレシピは不変の味

やきめし 950円
入口すぐの大きな鉄板で焼かれるやきめ
しは、軽くソースを焦げつかせるのが特徴

ふんわり食感がうまさの秘密

口の中でとろりと溶ける食感と 滋味豊かなだしが奏でるハーモニー

地元のこだわりが光る

明石焼き

白いご飯と蒸しそばを 細かく刻み、さまざまな具と ソースを混ぜ込んで作る 神戸下町発祥の料理。

菊兆 北野坂店
きくちょうきたのざかてん

北野 **MAP** 付録P.6 C-4

昭和45年（1970）創業。明石焼きと麦とろを二枚看板に地元の幅広い客層に愛されてきた。カツオ昆布だしをベースにした明石焼きは、ソースでも食べられるのがうれしい。

☎078-331-9813
🏠中央区中山手通1-10-5中一東ビル1F　🕐18:00〜翌1:00(金・土曜は〜翌2:00)　🈁日曜　🚃JR三ノ宮駅から徒歩5分　🅿なし

カウンターのみの小さいお店。人気のたこむすびもぜひ試してほしい

明石焼 680円
あっさりと食べやすい味わい。タコのほかタコマヨチーズなど具材も豊富

明石産のみにこだわる老舗

明石焼き（1人前10個）700円
ふわトロ食感が特徴の生地は卵たっぷりで、アツアツのだしに浸して食べればさらに風味もアップ。だしのほか、激辛ソースもあり

たちばな本店
たちばなほんてん

三宮・元町 **MAP** 付録P.9 D-4

昔ながらのレシピで、そのままでもおいしいほのかな甘さとふんわり食感を守り続ける老舗店。瀬戸内産のタコのみを使用する。その旨みを引き出すための、だしの絶妙なバランスは見事のひと言。

☎078-331-0572
🏠中央区三宮町3-9-4　🕐11:00〜19:00(LO18:30)　🈁木曜　🚃JR元町駅から徒歩3分　🅿なし

➡写真は2階のテーブル席。焼いているところが見られる1階はいつも賑わう

優雅に過ごすとっておきブランチ

有名ホテルの朝ごはんで上質な一日をスタートしたり、人気の専門店や隠れ家カフェで穏やかな時間を過ごすなど、特別な旅を演出する朝ごはん。こだわりのメニューでエネルギーチャージしたい。

食べる●神戸ごはん

"美味しさの感動"を表現する唯一無二の
朝食8600円(税サ込)

「世界一の朝食」と呼ばれる
ヨーロピアンスタイルの朝食を

ダイニングイグレック

北野 MAP 付録P.6A-3

フランス料理界の巨匠であり、神戸北野ホテルの総支配人・総料理長、山口浩氏の師匠、ベルナール・ロワゾー氏から公式に贈られた「世界一の朝食」。ヨーロピアンスタイルにこだわりながらも、時代の変化やニーズに応じて地産地消を取り入れたメニューを提供する。地元の肉や果物などを上品な味わいに昇華した朝食は、極上の時間を演出する。

☎078-271-3711
⏱中央区山本通3-3-20 神戸北野ホテル1F
🕐7:30〜10:00(LO)※朝食提供時間 休無休
🚉JR元町駅から徒歩15分 Pあり

⬆新しい調理法で果肉をつぶすことなくフルーツ本来の甘みとフレッシュ感が広がる「コンフィチュール」(右)、日替わりで提供される「飲むサラダ」(左)

⬆テラス席もあり昼夜を問わず人気の店

⬆日の光が射し込み、朝食にふさわしい開放的な雰囲気

モーニングにぴったり！
厚みのあるふわふわパンケーキ

幸せのパンケーキ 神戸店
しあわせのパンケーキ こうべてん

三宮・元町 **MAP** 付録P.10 A-4

☎078-392-8888

🏠中央区三宮町1-6-1 東パレックスビル2F

⏰11:00～20:00 土・日曜、祝日 10:00～20:30

🈳無休 🚃JR三ノ宮駅から徒歩5分 🅿なし

ふわふわの口当たりが幸せを運んでくる、パンケーキ専門店。ソースやフルーツ、自家製グラノーラなど、トッピングに凝った目も華やかなパンケーキを提供。カジュアルで明るい店内も心地よい。

⤴幸せのパンケーキ1380円。マヌカハニーと芳醇なバターが相性抜群の店自慢の一品

⤴駅近にありながら落ち着いた雰囲気の店内

⤴ジューシーなフルーツが盛りだくさんの季節のフレッシュフルーツパンケーキ1680円

雑居ビルにある
隠れ家カフェでブランチ

CAFE Zoé
カフェゾエ

三宮・元町 **MAP** 付録P.11 F-4

☎078-261-3230

🏠中央区御幸通6-1-3 ヤマダビル3F

⏰12:00～17:00 🈳土・日曜、祝日

🚃JR三ノ宮駅から徒歩6分 🅿なし

レトロモダンな雰囲気の隠れ家カフェ。名物のフレンチトーストは、ミルクや三温糖を加えた卵液に浸け、バターで香ばしく焼き上げている。タマゴサンドや珈琲ゼリーなど、穏やかな雰囲気の店内で味わいたい。

⤴⤴レトロな雰囲気の店内(上)、外はサクサク、中はふんわりやわらかいフレンチトースト(下)

⤴やさしい味わいのタマゴサンドも隠れた人気メニュー

神戸の絶景と緑であふれた心地よい空間

ボタニカルカフェで癒やされる

神戸の街並みと六甲山が一望できる爽快なスポット

神戸の街並みを一望できる

SOLA CAFE

ソラカフェ

新神戸 **MAP** 付録P.7 D-1

植物、ランドスケープデザインなどで話題の「IRODORIMIDORI」と、ウエディングなどイベントを手がけるゲストハウス「北野クラブ ソラ」によるコラボレーションで生まれたボタニカルスポット。カフェでは、こだわりの珈琲やパティシエ特製のスイーツなどが味わえる。緑や光を感じられる空間で、リラックスしながら食事を楽しめる。特製フレンチカレーも絶品。

☎080-5635-9502
所中央区北野町1-5-4 北野クラブソラ内 営11:00(土・日曜、祝日9:00)〜17:00 休無休 交JR新神戸駅から徒歩7分 Pあり

◇SOLA CAFEに併設のGREEN'S FARMS。観葉植物やサボテン、ガーデン雑貨も販売(右)、淹れたてのコーヒーをのんびり楽しめる(左)

◆珈琲やハーブティーなどを販売

◆こだわりのスイーツは日替わりで楽しめる

園芸店と融合したカフェや庭園に併設するカフェなど、美しく心癒やされる花に囲まれて、優雅なカフェタイムを楽しめるスポットが急増している。メニューにはカラフルで香りの良いエディブルフラワーが使用されるなど、店内だけではなくテーブルでも華やかさを演出してくれる。

歴史ある庭園を目の前に眺める

相楽園パーラー
そうらくえんパーラー

県庁前 **MAP** 付録P.4 C-2

神戸で唯一の日本庭園にたたずむ『THE SORAKUEN』内にある心地よい時間を過ごせるカフェ。和情緒あふれる相楽園の庭園を眺めながら、季節限定のパフェやケーキなどのスイーツ、お茶をいただける。

☎078-341-1191
所中央区中山手通5-3-1　営11:00～17:00
休水曜　交地下鉄・県庁前駅から徒歩6分
Pあり

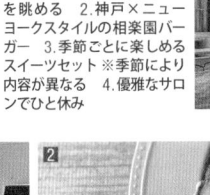

1.テラス席から相楽園の庭園を眺める　2.神戸×ニューヨークスタイルの相楽園バーガー　3.季節ごとに楽しめるスイーツセット ※季節により内容が異なる　4.優雅なサロンでひと休み

庭園と噴水を眺める素敵な空間

ガーデンパタジェ
須磨離宮
ガーデンパタジェ すまりきゅう

須磨区 **MAP** 本書P.2 A-4

須磨離宮公園のレストハウス内にあるカフェレストラン。オリジナルの糀を使用したフードやスイーツ、ドリンクなど、ヘルシーなメニューが楽しめる。ランチプレートはボリュームたっぷりで大人にも子供にも人気のメニュー。

☎078-736-1616
所須磨区東須磨1-1 須磨離宮公園内　営11:00～16:00　休木曜（離宮公園休業日に準ずる）　交JR・月見山駅から徒歩15分　Pあり

1.庭園と噴水を眺めながら過ごせる　2.離宮ハニーのバブルワッフル750円。期間限定のトッピングを楽しめる　3.一晩糀に漬け熟成させたスペアリブ1738円（2本入り）

気軽に訪れられる 老舗JAZZレストラン

JAZZLIVE & RESTAURANT
SONE
ジャズライブ&レストラン ソネ

北野 **MAP** 付録P.6 C-4

毎晩3回のステージがあり、幅広い客層で賑わう。日曜のお昼は1000円で気軽に楽しめるサービスも行うなど、神戸ジャズ文化を支える。店内は増設を繰り返して開放的な空間となっている。

☎078-221-2055
🚇中央区中山手通1-24-10 🕐17:00～23:00
🈳無休 🚶JR三ノ宮駅から徒歩7分 🅿なし
※営業時間などは変更の可能性あり。店舗に要問い合わせ

↑山崎12年のシングル3300円。オードブルの盛り合わせ1760円

↓北野坂に面したお店。看板もすぐに見つけられる

↑どの席でも心地よい音が楽しめる配慮も。ステージは各45分で18:30から開催

予約	可
予算	4000円～

個性が光る港町のBAR

素敵な特等席で思い出の夜を過ごす

店の創作カクテルに酔いしれたり、カウンターに立つマスターとの会話も楽しめる特別な空間。美酒と料理にプラスして音楽やアートにも出会える、小粋なバーをご紹介。

神戸を代表する オーセンティックバー
YANAGASE
ヤナガセ

→現在、店を任されているのが村井勇人さん。北野ブリーズの考案者

北野 **MAP** 付録P.6 C-3

ケヤキの一枚板のカウンターに暖炉、そして北欧製のランプシェードなどをしつらえた昭和41年(1966)創業の老舗バー。一見さんやバー初心者でも快く出迎えてくれるのが魅力。ジンフィズがおすすめ。

☎078-291-0715
🚇中央区山本通1-1-2
🕐17:30～24:00(LO23:30) 🈳無休
🚶JR三ノ宮駅から徒歩15分 🅿なし

→ジンフィズ1300円(左)とオリジナルカクテルの北野ブリーズ(右)
↓背筋は伸びるが、穏やかな雰囲気に満ちている店内。カウンターのほかソファ席も用意

予約	可
予算	5000円～

抹茶をフィーチャーした 新感覚のオリジナルスタイル
京BARさかい
きょうバーさかい

→和の空間を演出する赤い暖簾

北野 **MAP** 付録P.6 C-4

「京の癒しと風情」をコンセプトに、抹茶を用いたオリジナルカクテルをサーブ。ほかにはない日本文化に着目し、外国人客も多く訪れる。山椒や黒七味など、素材に驚くようなメニューも月替わりで登場。

☎078-333-9028
🚇中央区加納町4-9-12 🕐19:00～翌3:00
🈳不定休 🚶JR三ノ宮駅から徒歩8分 🅿なし

↓シックな雰囲気のなか、茶筅で作るすっきりとした抹茶のカクテルを味わう。1000円～
↑定番のアルコールメニューもスタンバイ

予約	可
予算	2000円～

スイーツ&パン

スタイリッシュな街のおいしいもの

神戸は欧米文化に日本で最も深く親しんできた。その長い時間の積み重ねが、1つずつのスイーツに、パンに、凝縮される。神戸のエキスが詰まった、珠玉の一品を味わいたい。

季節のフルーツを使ったタルトにベイクドレアチーズケーキ、カシスのソルベが盛り付けられたケーキプレート1540円。まるで芸術品のような美しさに感動!

↑木のテーブルと椅子が並ぶナチュラルな雰囲気の店内

↑ブティックのようなおしゃれな雰囲気

素敵な空間で
芸術品のようなスイーツを味わう

CAKE STAND
ケイク スタンド

北野 **MAP** 付録P.6 C-3

異国情緒あふれる北野に移転オープンした人気スイーツ店。スタイリッシュなコンクリートの建物にひっそりとたたずみ、まるで隠れ家のようなスポット。フレンチのコース料理のような、デザイン性の高い洗練されたケーキプレートが味わえると話題。

☎078-862-3139
所中央区山本通2-14-28　営10:30～17:00
(LO)　休木曜、ほか臨時休あり　交JR三ノ宮駅から徒歩10分　Pなし

スイーツの街にオープンした話題の店

トレンド最先端!
最旬スイーツ&カフェ

ケーキやジェラート、人気の台湾カステラなど、
神戸の街には常に新しいスイーツ店が誕生している。
スイーツのブームをつくり出す、最新カフェやショップを訪れたい。

ブリティッシュをイメージした
チョコレート洋菓子の専門店

QUEEN'S JET
クイーンズジェット

灘区 **MAP** 本書P.2 C-3

オープンしてから連日賑わう話題のチョコレート洋菓子専門店。ロンドンのサヴィル・ロウにある高級テイラーをイメージした、ブリティッシュな雰囲気の店で、クラシカルなチョコレート菓子を販売。

☎078-771-4915
所灘区八幡町2-6-12　営10:00～17:00
休日・月・木曜　交阪急・六甲駅から徒歩2分　Pなし

タイガーの顔がレリーフになったチョコ付き全粒粉クッキー。ベルギーチョコの香りを楽しんで

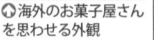

↑海外のお菓子屋さんを思わせる外観

↓チョコレートの仕立て屋(チョコレートテイラー)として洗練された空間をつくり出す

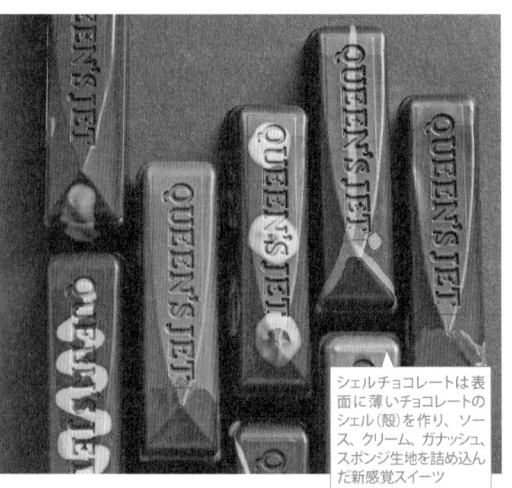

シェルチョコレートは表面に薄いチョコレートのシェル(殻)を作り、ソース、クリーム、ガナッシュ、スポンジ生地を詰め込んだ新感覚スイーツ

日本初のアールグレイ専門店
上質な紅茶の世界を体感できる
& EARL GREY KOBE本店
アンドアールグレイ コウベほんてん

三宮・元町 **MAP** 付録P.15 D-1

天然ベルガモットにこだわったアールグレイ専門店。紅茶だけでなく、緑茶やほうじ茶など9種のアールグレイが勢揃い。サロンではジェラートやお茶と一緒にハワイアンスコーンなどが楽しめる。人気の台湾カステラも販売。

☎078-381-5588
🏠中央区磯上通8-1-10 🕚11:00〜18:00 🈲火曜 🚉JR三ノ宮駅から徒歩4分 🅿あり

⤴カラフルなジェラートは茶葉と素材にこだわり無添加、無着色

ふわふわ、プルシュワの不思議な食感が楽しめる台湾カステラアールグレイ(右)、プレーン(左)1080円

⤴アールグレイ香る洗練された店内。日常を豊かにする上質な紅茶がずらりと並ぶ

ジェラートにメレンゲをデコレーションしたベイクドアラスカ1620円。ラム酒でフランベしていただく

水の代わりに数十倍に濃縮抽出したお茶を使用し香りにこだわった香るティージェラートダブル580円、トリプル620円

最旬スイーツ&カフェ

一流シェフ御用達
フランス発のパティスリー
ベイユヴェール 大丸神戸店
ベイユヴェール だいまるこうべみせ

旧居留地 **MAP** 付録P.13 D-1

発酵バターとプレミアムチーズの人気ブランド「ベイユヴェール」が展開する、日本限定のパティスリーが関西に初出店。パリの5ツ星ホテルやミシュランスターシェフ御用達の上質な素材で作る、バラエティ豊かなスイーツは手みやげや贈り物にぴったり。

☎078-335-6270
🏠中央区明石町40 大丸神戸店B1 🕙10:00〜20:00 🈲不定休(大丸神戸店に準ずる) 🚉JR元町駅から徒歩5分 🅿あり

ベイユヴェール自慢のバターをたっぷりと使用した生地の下にカリッとした食感がアクセントのザラメを敷き詰めている。「ケーク・グルマン(バタークリーム)」2700円

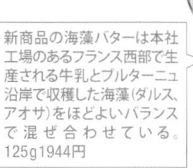

サンド・オ・ブールは店の看板商品。濃厚で香ばしいバターを使用したバターサンドで7種のフレーバーを用意。1個540円

サンド・オ・キャラメル4個入り1080円。なめらかな口どけのキャラメルをココア風味のクッキーでサンド。おみやげとして幅広い年齢層に人気

新商品の海藻バターは本社工場のあるフランス西部で生産される牛乳とブルターニュ沿岸で収穫した海藻(ダルス、アオサ)をほどよいバランスで混ぜ合わせている。125g1944円

お店で食べたり、持ち帰ったり
神戸の王道
人気スイーツ店

実力派のパティシエを神戸が輩出しているのは、いち早く外国への門戸を開いた
伝統のせいだろうか。今日もまた評判の注目店が生まれている。

1

パティスリー グレゴリー・コレ

三宮・元町 **MAP** 付録P.6 B-3

商店街の一角がまるでフランス 優雅な雰囲気のパティスリー

ニースのネグレスコホテルの製菓長
を務めながら新しいフィールドでフ
ランス菓子を表現したいとグレゴリ
ー・コレ氏が提案するお菓子が並ぶ。
プティガトーや焼き菓子なども人気。
店内サロンで優雅に味わいたい。

☎078-200-4351
所中央区山本通2-3-5 営10:30〜18:30、
2階サロン12:00〜18:00(LO) 休水曜
交JR三ノ宮駅から徒歩7分 Pなし

ピスターシュフレーズ
719円
甘酸っぱいイチゴ
とコクのあるピス
タチオが相性ぴっ
たりのガトー

アヴァンギャルド
719円

まるで白い陶器のよ
うな丸いケーキ。バ
ニラのババロアとホ
ワイトチョコレート
のグラサージュで仕
上げている

フルールドカフェノワ
734円
クルミとキャラメルのタル
トに香り豊かなコーヒーク
リームをデコレーション

アプソリュ
719円
人気No.1のプティガトー。ほろ苦
いチョコの中にまろやかなクレーム
ブリュレとヘーゼルナッツの生地

1.ゆったりとしたサロンで
ケーキを味わえる
2.ショーケースに並ぶプティ
ガトーはデザインも美しい
3.シックな装いの外観

COMPARTIRVALOR
コンパルティールバロール

三宮・元町 **MAP** 付録P.17 D-1

老舗「元町ケーキ」の新展開パティスリー

ざくろでおなじみ「元町ケーキ」姉妹店。看板スイーツのタルトブラウニーのほか、繊細なムースやドラジェなど、チョコを主役にしたお菓子を展開。スチームパンクで淹れるコーヒーと一緒に。

☎078-599-7521
所中央区栄町4-4-8 営12:00〜18:00
休水・木曜 交地下鉄・みなと元町駅からすぐ Pなし

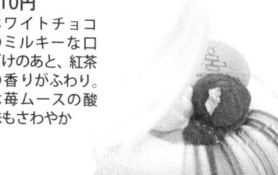

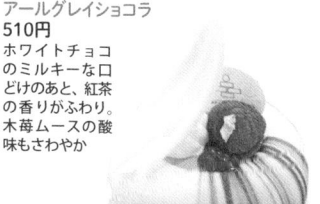

1.モノトーン＆ウッディなインテリアのカフェ
2.チョコレート菓子も充実。みやげにおすすめ
3.ショーケースには生菓子が常時12〜13種並ぶ

アールグレイショコラ
510円
ホワイトチョコのミルキーな口どけのあと、紅茶の香りがふわり。木苺ムースの酸味もさわやか

コンシスタンス 510円
「食感」と名付けられたお菓子は、タルトのザクザク感やムースの口どけを楽しんで

クラックモン
550円
カリカリのキャラメリゼアーモンドの下に濃厚なプラリネバタークリーム。中のプラリネノワゼットとシュクセがアクセントに

神戸の王道 人気スイーツ店

1.2〜3階がイートインスペース 2.店は三宮の中心地に 3.1階がショップ。生菓子のほか六甲カシミヤチーズケーキなども人気

ボックサン三宮店
ボックサン さんのみやてん

三宮・元町 **MAP** 付録P.9 F-4

神戸マイスターが作る定番の洋菓子が大人気

神戸マイスターの称号を持つ福原敏晃シェフが経験と技を駆使したお菓子が人気。おすすめはふわふわロールケーキや絹のようななめらかプリン。いろいろ盛り合わせたケーキプレートはボリュームもあり大満足。

☎078-391-3955
所中央区三宮町2-6-3 営11:00〜19:00 カフェ12:00〜19:00(LO18:30) 休無休
交JR三ノ宮駅から徒歩8分 Pなし

こだわりロール 350円
厚めにカットした生地のしっとり感とバランスを考えた生クリームの分量が絶妙。シェフ渾身の一品

苺のショートケーキ
480円
ふわふわっと軽いスポンジ生地に生クリームとイチゴ。甘さ控えめの軽い味わいが幅広い客層に好評

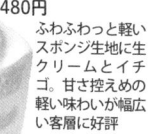

115

Patisserie montplus
パティスリー モンプリュ

栄町通・海岸通 **MAP** 付録P.12A-2

伝統的なフランス菓子を
神戸に伝えるパティスリー

神戸を代表するパティスリー。シェフの林周平氏は、パリの「ジャン・ミエ」で研鑽を積んだ実力派。店内の長いショーケースに並ぶオペラ、ピュイ・ダムール、パリ・ブレストなどの伝統菓子にワクワク。

☎078-321-1048
所中央区海岸通3-1-17 営10:00～18:00
休火曜、第1・3水曜 交JR元町駅から徒歩7分
／地下鉄・みなと元町駅から徒歩3分 Pなし

ピュイ・ダムール 550円
ブリゼ生地の上にシューを重ね、シブーストの表面は香ばしくキャラメリゼ。中はピンクグレープフルーツ

ムラング・シャンティ
550円
目の粗いざくっとしたメレンゲにたっぷりの生クリームをサンド。アーモンドの香ばしさもふわり

アリ・ババ 550円
ブリオッシュ生地にラム酒シロップをたっぷり染み込ませた大人味のデザート。中はカスタードクリーム

1.アンティークテーブルが配されたサロンでスイーツを堪能したい　2.シェフの林周平氏。奥の厨房で腕をふるっている　3.タイルで作られたクラシックな看板が目印　4.焼き菓子はおみやげにぜひ

ジャンドゥーヤお皿盛り
1320円
クリスピーなチョコレート生地の上にビターチョコレートムースとフレッシュラズベリー、ジャンドゥーヤのブリュレが3層に

いちごのショートケーキ
583円
3層のスポンジの間に生クリームとフレッシュなイチゴをたっぷりサンド。しっとり食感と上品な甘みがやさしい

カファレル
神戸北野本店
カファレル こうべきたのほんてん

北野 **MAP** 付録P.6A-3

「できたてのイタリア」が
味わえる大人のドルチェ

1826年創業のイタリア・トリノ発老舗チョコレートブランド。神戸北野本店限定の鮮やかなドルチェの数々やトリノの名物ドリンク・ビチェリンなど、本場さながらの味が堪能できる。

☎078-262-7850
所中央区山本通3-7-29 神戸 トアロードビル1F 営11:00～18:00(LO17:00)
休火曜(12～3月、GW中を除く)
交JR元町駅から徒歩12分 Pなし

1.店の奥には10席のサロン。本店限定の美しいドルチェがデセールスタイルで楽しめる　2.ジャンドゥーヤをはじめ、カラフルなチョコレートが並ぶ

スイーツ＆パン●スイーツ

くまポチプレート 1815円
イチゴショートにプリン、ソフトクリーム、焼き菓子がセットに。ドリンクはおかわり自由なのもうれしい

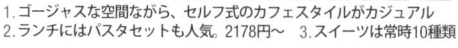

※メニューは時期により異なる

ケーニヒスクローネ くまポチ邸
ケーニヒスクローネくまポチてい

三宮・元町 **MAP** 付録P.9 F-4

洋菓子店直営ホテルのサロン
気軽で優雅なスイーツタイム

「ホテルクローネ」の1階、「ケーニヒスクローネ」のキャラクター・くまポチが歓迎してくれるのはホテル直営のカフェ。メニューは、洋菓子の老舗ならではの味わいを豪華なサロンで優雅に楽しめる。

☎078-331-7490
🏠中央区三宮町2-3-10 ホテルケーニヒスクローネ神戸1・2F 🕐11:00～19:00(LO18:20)
🈳無休 🚇地下鉄・旧居留地・大丸前駅からすぐ／JR元町駅から徒歩5分 Ｐなし

1. ゴージャスな空間ながら、セルフ式のカフェスタイルがカジュアル 2. ランチにはパスタセットも人気。2178円～ 3. スイーツは常時10種類

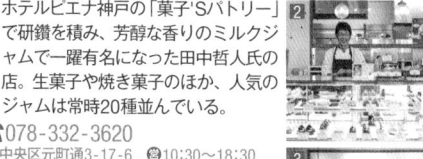

神戸の王道 人気スイーツ店

パティスリーAKITO
パティスリーアキト

三宮・元町 **MAP** 付録P.4 C-3

ミルクジャムで大人気の
田中シェフの店

ホテルピエナ神戸の「菓子'Sバトリー」で研鑽を積み、芳醇な香りのミルクジャムで一躍有名になった田中哲人氏の店。生菓子や焼き菓子のほか、人気のジャムは常時20種類並んでいる。

☎078-332-3620
🏠中央区元町通3-17-6 🕐10:30～18:30 🈳火曜 🚇JR元町駅から徒歩5分／阪神・西元町から徒歩5分 Ｐなし

1. 店はナチュラルな雰囲気 2. 通称ミルクジャムおじさんの田中シェフ。いつも穏やかな笑顔で接客 3. ジャムは全種類試食も可能

ラクテ・シトロン 540円
まろやかな酸味のレモンムースの下には、アーモンドのビスキュイとチョコガナッシュ。甘酸っぱさを引き立てる

サンベリーナ 560円
花びらのようなチョコのデコレートが印象的。中はホワイトチョコとフランボワーズムースとライチジュレ

1. 店は元町商店街の南側 2. シェフの大西達也氏は2014年シャルル・プルースト杯で優勝した実力派。2023年には神戸名店百選に選出された 3. ショーケースには、昔ながらの生菓子と3代目大西シェフが考える新商品が並ぶ 4. 明るい雰囲気のカフェ

mama's selection MOTOMACHI CAKE
ママのえらんだ元町ケーキ
ママのえらんだもとまちケーキ

三宮・元町 **MAP** 付録P.16 C-1

神戸を代表する老舗
変わらない味に舌鼓

創業昭和21年(1946)。店名にもあるように、「母親が子どもにも安心して食べさせられるお菓子」という思いで、厳選素材で安心のお菓子を作る。看板商品「ざくろ」は、神戸っ子のおやつの定番。

☎078-341-6983
🏠中央区元町通5-5-1 🕐10:00～18:00 (カフェLO17:30) 🈳不定休
🚇JR元町駅から徒歩7分 Ｐなし

クリームパイ 330円
焼き色が香ばしいパイ生地とプルンプルンのカスタードクリームのマリアージュ。ロングセラーの人気商品

シューパフェ 340円
パリッと軽いシュー生地にクリームをたっぷりサンド。シンプルな組み合わせで、素材をじっくり味わって

Chocolatier

ヨーロッパとの うれしいマリアージュ

神戸いちばんの ショコラティエ

チョコレートチャンピオンの名店や
ベルギーチョコ専門店など、
バラエティ豊かなショップが続々と登場。

**ブッシェ・ア・ラ・シェンヌ
（ミルク・ビター）各720円**
自家製プラリネの
チョコレートバー。
アーモンド、ヘー
ゼルナッツの食感
と濃厚チョコの
ハーモニーに思わ
ずうっとり

タルト オ タラカン 1650円
スペイン産クーベルチュール・
タラカン（カカオ分75%）をふん
だんに使用。なめらかな口どけ

←焼き菓子やジャムな
ども人気

**エマンセ&
エギュイエット
2000円**
フランス産のオレ
ンジピールとレモ
ンピールにチョコ
をコーティング。
おみやげにも最適
なサイズ

Chocolatier
La Pierre Blanche 元町店
ショコラティエ ラ ピエール ブランシュ もとまちてん
三宮・元町 MAP 付録P.8 C-1

チョコレート好きなシェフが
作り出す繊細なショコラ

ブラウンを基調としたシックな店内には、
30種以上並ぶ繊細なボンボンショコラ。シ
ンプル、ナチュラル、ピュアをコンセプトに、
カカオ、フルーツなど厳選した素材でショ
コラを作り、表現している。

☎ 078-321-0012
所 中央区下山手通4-10-2
営 10:00～18:30（日曜は～
18:00） 休 火曜 交 JR元町
駅から徒歩5分 P なし

L'AVENUE
ラヴニュー
北野 MAP 付録P.6 A-3

チョコレートチャンピオンが作る
洗練のショコラに酔いしれて

シェフは、ワールドチ
ョコレートマスターズ
世界大会での優勝経験
を持つ平井茂雄氏。シ
ョーケースには、優勝作品「モード」を
はじめ美しい生菓子が並ぶ。

☎ 078-252-0766
所 中央区山本通3-7-3 ユートピア・トーア1F
営 曜日、季節により異なる※公式サイトにて
要確認 休 水曜、火曜不定休
交 JR元町駅から徒歩13分 P なし

リーム 700円
艶やかなグラサージュのチョ
コの中には、洋梨のコンポート
とトンカ豆のクレームブ
リュレが入っている

アマンドショコラ 1500円
低温でじっくりローストした
アーモンドにチョコをコーティ
ング。カリッと香ばしい

**ショックフランボ
800円**
木イチゴのゼリー
と果肉の甘酸っぱ
さがピスタチオや
チョコのコクと
グッドバランス

ROMANCE(ロマンス)
ボンボンショコラ9個入り 3300円
ライチ、ローズ、フランボワー
ズを合わせた1粒や、ピスタチ
オとグレープフルーツを合わ
せた1粒など、フルーティなフ
レーバーを多く集めたカラフ
ルなアソート

→ショーケー
スの向こうの
厨房は活気に
あふれている

「selection」セレクション
-JHOICE selection 10PBOX
4360円
ショコラを通して作り手を知る。伝統を受け継ぎ、妥協しない良いものを生み出す生産者にJHOICEが出会い、敬意を込めてクリエイトした10粒のショコラセット

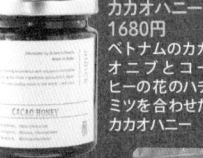

カカオハニー
1680円
ベトナムのカカオニブとコーヒーの花のハチミツを合わせたカカオハニー

カカオ&ショコラ
940円
ベトナム産の焙煎カカオにチョコレートをコーティング。香ばしい余韻にやみつき

※写真はイメージです。時期により内容が変更される場合あり

JHOICE laboratory
ジョイス ラボラトリー
三宮・元町 **MAP** 付録P.4 B-3

洗練のラボから生まれる
クリエイティブなショコラ

花隈公園のほど近い場所にあるショコラティエ。厳選した日本の食材と、ベトナムをはじめとした産地ならではの個性あるアロマのカカオをペアリング。上質なマリアージュを生み出すショコラは絶品。

☎ 078-335-5980
所 中央区花隈町5-21 営 12:00〜19:00 休 日・月曜 交 神戸高速鉄道・花隈駅から徒歩3分 Pなし

Mon Loire 元町店
モンロワール もとまちてん
三宮・元町 **MAP** 付録P.9 E-4

看板商品はリーフチョコ
おみやげにもおすすめ

神戸・岡本に本店を構え全国展開もしている、神戸発のチョコレート専門店。こだわりの素材で作るチョコレートは上品な甘さやかわいらしいルックスが好評。おみやげにはリーフチョコが大人気。

☎ 0120-232-747
所 中央区三宮町3-1-3 営 10:30〜19:30 休 無休 交 JR元町駅から徒歩3分／地下鉄・旧居留地・大丸前駅からすぐ Pなし

トリュフの「コフレ」
5個入り1512円
手作りのトリュフは常時約30種類。ローズ、フランボワーズ、柚子みるくなどお好みを選んで ※写真はイメージです

リーフメモリー ギフトボックス15個入り1080円
小さなかわいい巾着に包まれたプチチョコ。種類はミルク、ダーク、抹茶、クランベリー、モカなどがありさまざまな風味が楽しめる

Chocolat BAR486円
素材、味わいにこだわり、ラベル作りから巻加工まで手作りのチョコバー

クリスピーチョコレート
540円
クリスピーチョコレートをキャラメル風味のミルク&ホワイトチョコでコーティング

ホワイトチョコ
タブレット840円
カカオ31.5%のホワイトチョコレート。バニラ風味たっぷりなうえ、チョコの味も濃厚

Tohi ナポリタン12枚入り980円
6種類のテイストが2枚ずつ入ったギフトにぴったりのボックスチョコ

アーモンドトリュフ
12粒入り1080円
トリュフチョコにパウダーショコラをまぶした定番アイテム

↑みやげやギフトにぴったりの商品が数多く並ぶ

BeBeBe chocolatier
ビービービーショコラティエ
神戸駅周辺 **MAP** 付録P.4 A-3

ベルギー王室御用達や老舗の
名だたるブランドをセレクト

チョコレート大国ベルギーをはじめ、ヨーロッパ各国から取り寄せたチョコが揃う専門店。ゴーセンスなど人気のプラリネチョコは、1粒から購入できる。

☎ 078-341-5078
所 中央区多聞通4-1-15 営 11:00〜18:00（土・日曜、祝日は〜17:30）休 火曜、第3日曜、ほか不定休 交 JR神戸駅から徒歩5分／神戸高速鉄道・高速神戸駅からすぐ Pなし

↑店内は焼きたてスコーンのいい匂いが漂う

アイテム別スイーツの専門店

自慢のひと品に魅せられて!

カップケーキからグラノーラまで、その日の気分に合った味を探せる神戸の街。
専門店だからできるこだわりを見つけに出かけよう。

Scone
スコーン

北海道産小麦、全粒粉、自家製フルーツピューレなど、素材は徹底的に厳選。どれも外側は香ばしく、中はほどよいしっとり感。上品な甘さがやさしい味わい。

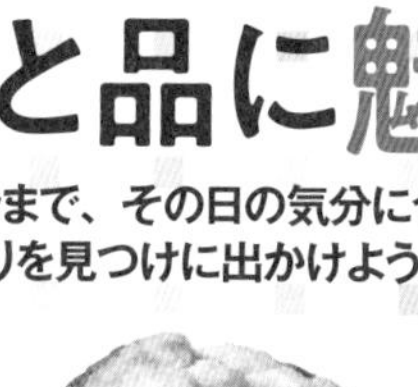

→ラズベリー 320円

→ラムレーズン 360円

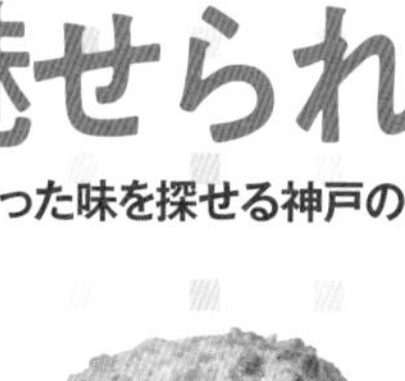

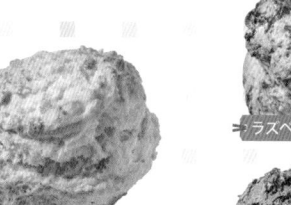
→プレーン 270円

→チョコレート 320円

㋐ サイクリングを楽しんだあとは
スコーンでティータイム

SPARK scone&bicycle

スパーク スコーン＆バイシクル
県庁前 **MAP** 付録P.4 C-2

店では、自転車担当のご主人・富田功氏とスコーン担当の康子氏が迎える。北海道産小麦とバター、ゲランドの塩などを使用し、プレーン、チョコ、ピスタチオなど常時10種のスコーンを用意。売り切れ次第終了なので早めに訪れたい。

☎078-855-9045
㋐中央区中山手4-18-21 ㋐12:00〜17:00(スコーンが売り切れ次第終了) ㋺水曜、ほか不定休 ㋓JR元町駅から徒歩8分 Ⓟなし

↑店先には販売用＆レンタル用自転車を用意

Granola
グラノーラ

ほんのりバナナの香りがする
コーヒー味、沖縄産の黒糖を
使用したコク深い黒糖きなこ、
メープルベースのあっさり味の
ノンオイルシュガーなど、
種類も豊富。

↺自家製の玄米粉を
使用した香ばしい風
味のグラノーラ

体にやさしい&ヘルシーな
神戸のグラノーラ専門店

elphGRANOLA
エルフグラノーラ
三宮・元町 **MAP** 付録P.16A-1

オーツ麦をベースに自家製粉の玄米
粉、粗糖を使用したグルテンフリーの
グラノーラ約15種が並ぶ。ほかにも、
オーツ麦と玄米粉を使用した焼き菓子
やグラノーラと合わせたいハチミツや
ジャムも用意。

☎070-8493-4855
🏠中央区多聞通2-3-15 黒田ビル1F 🕐
10:00〜18:00 🈺月・火曜（日曜、祝日は
不定休）
🚃JR神戸駅から徒歩5分 🅿なし

▶ノンオイルシュガー
S550円〜

➡黒糖きなこ S550円〜

➡コーヒー S550円〜

Donuts
ドーナツ

小麦粉が主成分の生地に
水・砂糖・バター・卵などを
加えて揚げたお菓子。店
にはもっちりした食感と、
写真映えするカラフルな
トッピングが楽しいドーナ
ツが並ぶ。

▶クッキー&クリーム 390円

カラフル&アメリカンな
ドーナツショップが北野に登場

THE CITY DONUTS AND COFFEE
ザ シティ ドーナツ アンド コーヒー
北野 **MAP** 付録P.6B-3

アメリカンな雰囲気漂うドーナツショ
ップ。ベーシックなドーナツにデコレ
ーションされたクラシックグレイズド
をはじめ、カラフルチョコがたっぷり
のザ・シンプソンズ、オレオがトッピ
ングされたクッキー&クリームなど、
ドーナツは約10種類。

☎078-862-5454
🏠中央区山本通2-3-12 🕐9:00〜18:00
🈺無休 🚃JR三ノ宮駅から徒歩12分 🅿
なし

▶メープルベーコン 390円

↺ゆったりとした店内にはイー
トイン用のカウンター席もある

➡ザ・シンプソンズ 360円

➡バナナアイランド 420円

自慢のひと品に魅せられて！

121

午後のラウンジで過ごす

甘い誘惑
ホテルの
贅沢スイーツ

高級感あふれる有名ホテルのラウンジで味わう
極上スイーツ。華やかなケーキと
上質なおもてなしで心も満される。

プレミアムアフタヌーン
ティーセット
8200円
和牛のローストビーフサンドや4
種のタルティーヌ、季節のスイー
ツ8種にデザートピザとボリュー
ム満点。紅茶orコーヒー付き

神戸北野ホテル
ダイニングイグレック
北野 **MAP** 付録P.6A-3

パティオのある空間で
優雅な午後のティータイム

都市型オーベルジュ「神戸北野ホテル」
の1階。こちらは朝食客が世界一の朝食
を楽しむダイニング。おすすめはパティ
シエの遊び心があふれるプレミアムアフ
タヌーンティーセット。

☎050-3177-4658
所中央区山本通3-3-20 神戸北野ホテル1F
時朝食7:30〜10:00、ランチ12:00〜13:30
（LO）、カフェ13:00〜15:00（LO）、ディナー
18:00〜20:30（LO）※アフタヌーンティーセッ
トの提供はカフェタイムのみ 休無休 交JR
元町駅から徒歩15分 Pあり ※営業時間な
どは状況により変更の場合あり

↑レンガ造りの外観が目
を引くホテルはトアロー
ドの中腹に（上）、日差しも
気持ちいい中庭テラスは
開放的な気分で過ごせる
と評判（下）

↓ゆったりとしたダイニングフロア。スタッ
フの行き届いたサービスも心地いい

ホテルオークラ神戸
カフェレストラン「カメリア」
ベイエリア **MAP** 付録P.12A-4

格式あるホテルで
受け継がれる伝統の味を

伝統の格式、上質な空間、洗練のお
もてなしがうれしいホテル。ロビー
階にあるカフェレストランのいち押
しはホテルに受け継がれている伝統
のフレンチトースト。贅沢な食感と
味は唯一無二。

☎078-333-3522
所中央区波止場町2-1 ホテルオークラ神戸
ロビー階 時10:00〜22:00 休無休 交
JR元町駅から徒歩10分／三宮バスターミナ
ルからシャトルバスで10分（土・日曜、祝日
はJR新神戸駅発着） Pあり

➡アフタヌーンティー
セット1名4500円。ホ
テルの味わいを一口
サイズで堪能できる。
※前日17:00までに要
予約

➡朝食からディナー
まで楽しめる

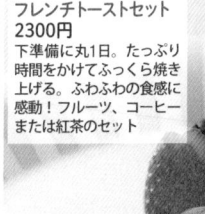

フレンチトーストセット
2300円
下準備に丸1日。たっぷり
時間をかけてふっくら焼き
上げる。ふわふわの食感に
感動！フルーツ、コーヒー
または紅茶のセット

ANAクラウンプラザホテル神戸

ティーラウンジ ザ・ラウンジ

新神戸 **MAP** 付録P.7 E-1

神戸観光の玄関口・新神戸の ホテルラウンジでティータイム

ホテルパティシエが腕をふるうスイーツと、ティーマスターが淹れてくれるドイツの老舗ブランド・ロンネフェルトの紅茶が楽しめる。スイーツと紅茶のマリアージュをぜひ。

☎078-291-1121(代表)
㊙中央区北野町1-1 ANAクラウンプラザホテル神戸4F　🕐10:00〜17:00(LO15:30)　㊡無休　🚉JR／地下鉄・新神戸駅からすぐ　🅿あり

ケーキや、みやげにぴったりな焼き菓子も販売しているバラエティに富んだ

ケーキセット
季節限定のケーキのなかから好みの1種類とドリンク(コーヒーまたは紅茶)を選べる

スイーツギフト
プレゼントにもぴったりの華やかなテイクアウトスイーツ

⬆吹き抜けに面した開放的なティーラウンジで優雅なひとときを

アフタヌーンティーセット 5300円(1名)
パティシエ考案のスイーツやシェフが手がけたセイボリー。10種のドリンクはティーフリーフローで愉しめる。
※写真は2名分、内容は季節により変動あり

神戸ポートピアホテル

ティーラウンジ ベルクール

ポートアイランド **MAP** 付録P.3 E-4

上質なラウンジで甘いスイーツタイム

自然光が差し込むメインロビーのスタイリッシュなティーラウンジ。開放感のある空間で、アフタヌーンティープレートなどのスイーツが味わえる。日本紅茶協会が認定する「おいしい紅茶の店」で、優雅なひとときを過ごそう。

☎078-303-5207
(レストラン総合案内受付時間10:00〜17:30)
㊙中央区港島中町6-10-1 神戸ポートピアホテル本館1F　🕐11:00(土・日曜、祝日10:00)〜18:00　㊡無休　🚉ポートライナー・市民広場駅からすぐ　🅿あり

⬆⬆広々としたラウンジでティータイムを楽しんで

123

有名店で素敵なスイーツ時間

老舗洋菓子店の直営サロン

洋菓子の街・神戸には、歴史ある洋菓子メーカーが勢ぞろい。
直営のサロンでとっておきのデザートはいかが。

⬆本店限定のマイスターの手焼きバウムクーヘンに生クリームを添えて。ドリンク付き1300円

バウムクーヘンでおなじみの名店
ユーハイム神戸元町本店
ユーハイムこうべもとまちほんてん
三宮・元町 **MAP** 付録P.13D-1

創業明治42年（1909）の老舗ドイツ菓子店。日本で初めてバウムクーヘンを作った創業者のカール・ユーハイム氏から受け継いだ味を守り、職人が丁寧にお菓子を作っている。

☎078-333-6868
所中央区元町通1-4-13　営11：00〜19：00（ティーサロンL017:30）　休水曜
交地下鉄・旧居留地・大丸前駅からすぐ／JR元町駅から徒歩3分　Pなし

⬆6段重ねの本店特製ショートケーキ（ドリンク付き）1600円　⬆クッキーやパイなどの焼き菓子も充実

喫茶限定スイーツは必食
神戸凮月堂 本店
こうべふうげつどうほんてん
三宮・元町 **MAP** 付録P.8A-4

創業明治30年（1897）。神戸を代表する銘菓ゴーフルを筆頭に、季節に合わせた洋菓子を揃える。本店喫茶では落ち着いた店内で季節のパフェやあんみつなどを楽しめる。

☎078-321-5598
所中央区元町通3-3-10　営11：00〜18：00（L017:30）　休無休　交JR元町駅から徒歩3分　Pなし

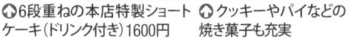

⬆ふわふわの手焼きホットケーキ1155円。ホイップクリームと風味豊かなカナダ産メープルシロップをかけて味わおう。ドリンク（コーヒーまたは紅茶）付き

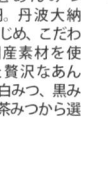

⬆特選あんみつ1210円。丹波大納言をはじめ、こだわりの国産素材を使用した贅沢なあんみつ。白みつ、黒みつ、抹茶みつから選べる

カフェ限定焼きたてワッフル
カフェ モロゾフ
神戸ハーバーランドumie店
カフェモロゾフこうべハーバーランドウミエてん
ベイエリア **MAP** 付録P.16B-3

昭和6年（1931）、トアロードのチョコレートショップから始まった老舗洋菓子メーカー。カフェでは、おなじみのプリンやチーズケーキ、焼きたてワッフルが楽しめる。

☎078-382-7136
所中央区東川崎町1-7-2 神戸ハーバーランドumie サウスモール1F　営10：00〜20：00（L019:30）　休施設に準ずる　交JR神戸駅／地下鉄・ハーバーランド駅から徒歩5分　Pあり
⬆ワッフルプレートとお飲物1155円

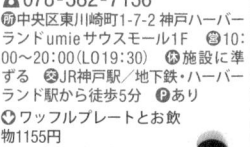

⬆ワッフルは注文時に焼いてくれる

⬆カジュアルでハイセンスな空間
⬆四角いワッフルサンド（スモークサーモン）690円

特選! スイーツ お持ち帰り

全国的にも知られる銘菓や神戸限定のスイーツ。
喜ばれるおみやげを手に入れよう。

神戸魔法の壺プリン®
398円(1個)
素焼きの壺を開けると、3層の
とろとろプリンが登場する
神戸フランツ

**神戸魔法の
生チョコレート®
プレーン**
1290円(90g)
神戸フランツ秘伝の製法
により仕上げた神戸魔法
の生チョコレート
神戸フランツ

**神戸魔法の
生チョコレート® 苺**
1290円(90g)
甘酸っぱいイチゴと濃厚で上質な
ホワイトチョコを使用したかわい
い色合いの生チョコレート
神戸フランツ

神戸苺トリュフ®
1080円(90g)
フリーズドライのイチ
ゴを、なめらかなホワ
イトチョコレートでコー
ティング
神戸フランツ

神戸半熟チーズケーキ®
1380円(5個入り)
「76分で1000個完売」するほどの人気商品。
ベイクドでもスフレでもない、まったりとコク
のある独特の食感はまさに「半熟」
神戸フランツ

レスポワール L12SN
1296円(24枚)
バターとバニラが香るや
さしい味わいのクッキー
神戸凮月堂

**神戸ミルク
チョコレート**
540円(94g)
やさしい甘さとまろ
やかな口どけのミル
クチョコレート
モロゾフ

神戸アーモンドクッキー
540円(90g)
ローストアーモンドが1粒ま
るごとトッピングされカリ
ッとした食感
モロゾフ

ゴーフル 15S
(バニラ・ストロベリー
風味・チョコレート)
1620円(12枚入り)
サクサクの薄焼きの生地に風味豊か
なクリームをサンド／神戸凮月堂

神戸発祥の味を持ち帰ろう

モロゾフ

昭和6年(1931)に神戸トアロードの
チョコレートショップから始まり、贈る人と贈
られる人との「こころ」をつなぐ菓子を
届け続ける。

☎078-822-5533(お客様サービスセンター)
営休店舗により異なる ※価格・仕様は変更の
可能性がある

上質で高級感あるおいしさ

神戸凮月堂 本店

こうべふうげつどう ほんてん
三宮・元町 MAP 付録P.8 A-4

明治30年(1897)から、神戸元町でスイー
ツの製造販売を開始した。銘菓である
ゴーフルなど、神戸の地でオリジナルの
菓子を作り続ける老舗。

☎078-321-5598 所中央区元町通3-3-10
営10:00〜18:00 休無休 交JR元町駅から
徒歩3分 Pなし

「はいから」を加えた菓子

神戸フランツ
umieモザイク店→P.49

こうべフランツ ウミエモザイクてん
ベイエリア MAP 付録P.16 C-3

お店で食べられるパン屋さん

香ばしい焼きたてパンの香りに包まれて。昔ながらの老舗や料理も充実のお店など、
イートインのあるブーランジェリーでのんびりおいしいパンを味わって。

↑2階のカフェスペースは天井も高く開放的な雰囲気

FREUNDLIEB

フロインドリーブ

北野 **MAP** 付録P.7 D-3

厳かでモダンな雰囲気が
神戸らしい元教会の素敵カフェ

神戸の老舗ベーカリーは、元教会をリノベートした素敵な建物。礼拝堂を改装した開放的な吹き抜けのカフェでは、焼きたてパンのサンドウィッチメニューが評判。ゆったりランチやティータイムに◎。

☎078-231-6051
🏠中央区生田町4-6-15
🕙10:00〜18:00
(LO17:30)　🈺水曜
(祝日の場合は翌日)
🚃JR三ノ宮駅から
徒歩10分　🅿あり

↑1階には生菓子と
焼き菓子、パンが並ぶ

**オリジナルローストビーフの
サンドウィッチ 2310円**

人気のサンドウィッチは、軽くトーストしたパンの中に、しっとりジューシーなローストビーフがサンド

ハードトーストL
ハードタイプ。
トーストすると歯
切れのよい食感。
1166円

ブラウンブレッド
クルミとレーズンが
たっぷり。1296円

ウイナー
ドイツのコッペパン。
素朴な味わい。648円

126

店奥のカフェではセルフサービスのモーニングをはじめ、ランチやカフェにも◎

コム・シノワ

三宮・元町 **MAP** 付録P.11 D-4

フレンチ仕込みのシェフの
オリジナルパンが充実

フレンチの料理人・荘司索シェフがアイデアあふれるパンやスイーツを提案してくれるブーランジェリー＆パティスリー。奥にあるカフェでは、パン、お菓子のほかサラダやスープ、料理が楽しめる。

☎078-242-1506
所中央区御幸通7-1-15 三宮ビル南館地下 営8:00〜18:00 休月・水曜 交JR三ノ宮駅から徒歩5分／地下鉄・三宮・花時計前駅からすぐ Pなし

↻朝8時から随時焼きたてが並ぶ。楽しい！

季節のパスタランチ
（パン・サラダ付き）
1980円〜
季節ごとの旬の食材を使用したパスタ。パンとサラダもついてくるため、ランチにぴったり（内容は季節ごとに変動する）

はちみつとくるみの
シナモンロール
香り高いシナモンシュガーとクルミをたっぷり巻いて焼き上げ、はちみつシロップで仕上げた。303円

パン・ド・カンパーニュ
外はカリッ、中はもっちり。小麦の素朴な甘みが特徴。907円

カリーブルスト
自家製カリーソース、ウインナーとキャベツがサンド。345円

127

びっくりするほどおいしい!
神戸の街で評判です
実力派のパン屋さん

神戸には長年愛されるパン屋が並ぶ。豊富な種類と香ばしい匂い。
ひとつひとつ心をこめて作られるパンのなかから、
自分だけのお気に入りを探してみよう。

Ⓐ イスズベーカリー元町店
イスズベーカリーもとまちてん
三宮・元町 **MAP** 付録P.9 D-4
神戸の中心街に展開する老舗
昭和21年(1946)創業以来、地元神戸
っ子のパンライフに欠かせない一軒。
内閣総理大臣賞やベーカリージャパ
ンカップ優勝、兵庫県パングランプ
リ初の3冠達成などの受賞歴を持つ。
☎078-393-4180 所中央区元町通1-11-
18 営8:00～21:00 休無休 交JR元町駅
から徒歩5分／地下鉄・旧居留地・大丸前駅
からすぐ Ｐなし

Ⓑ ル・パン神戸北野 本店
ル・パン こうべきたの ほんてん
北野 **MAP** 付録P.6 B-3
安心・安全にこだわったパン
「ホテル ラ・スイート神戸ハーバー
ランド」の直営店。地元兵庫県や世
界中から集めた厳選食材を使用して、
こだわりのパン作りを行っている。
特に「日本一の朝食パンセット」が人
気メニュー。
☎078-251-3800 所中央区山本通2-7-4
営8:00～19:00 休無休 交JR三ノ宮駅か
ら徒歩15分 Ｐなし

Ⓒ KöLN三宮店
ケルンさんのみやてん
三宮・元町 **MAP** 付録P.11 F-2
神戸市内で展開する繁盛店
創業昭和21年(1946)、神戸市内に8
店舗を構える人気店。地元に愛される
店として、新素材に挑戦しながらも幅広
い客層に支持されている。看板商品
は、ソフトフランスにクリームがサン
ドされたチョコッペとバタッペ。
☎078-945-7009 所中央区北長狭通1-2-
13 ニューリッチビル1F 営9:00～22:00
休無休 交阪急神戸三宮駅から徒歩1分
Ｐなし

トレロン
超ロングの粗びきソー
セージとマスタードを
フランスパン生地に
包んで焼成。一
口食べれば表
面はカリッ、
中はジュー
シー。
820円

Ⓐ

Ⓐ
**牛すじ煮込みカレー
パン**
神戸・長田名物の牛スジ
をとろとろになるまで煮
込みなめらかに仕上げた
カレールウを生地の中に。
甘辛くて美味。270円

超特選クリームパン Ⓐ
ジャージー牛乳、生クリーム、
天然のバニラビーンズで作っ
たカスタードがたっぷり。パン
生地もしっとり。216円

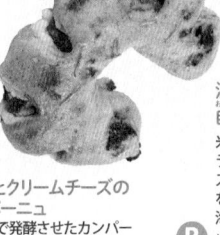

Ⓑ
至福の湯種食パン
フランス・イズニー社の発酵バタ
ー、淡路島産自凝雫塩などを使用
して、湯種製法で焼き上げた特別
で贅沢な食パン。1斤594円

Ⓑ
**トマトとクリームチーズの
カンパーニュ**
果実種で発酵させたカンパー
ニュ生地にブラックオリー
ブ、フランス産クリームチー
ズとセミドライトマトを練り
込んだ、ローズマリーの香り
もやさしい一品。410円

**淡路産
自凝雫塩パン**
おのころしずくしお
米粉配合の生地に、フ
ランスA・O・P認定イ
ズニー社の発酵バター
を巻き込み、播磨灘の
海水の自凝雫塩をト
ッピング。324円

Ⓑ

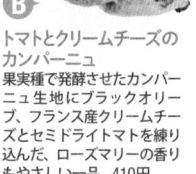
至福の明太子フランス
国産小麦のバゲットに「かね
ふく」の明太子と発酵バター
をたっぷりはさんだ一品。
378円
Ⓒ

Ⓒ
チョコッペ
ソフトフランスにミ
ルクチョコをサンド
した約50年愛され続
ける定番アイテム。
227円

Ⓒ
真綿
小麦とハチミツの自然
な甘みを最大限に引き
出したこだわりの食パ
ン。470円

**セーグル
オランジュ**
ふんわりやわらかなライ麦
パンに、さわやかに香るオ
レンジーピールを練り込ん
で仕上げた。250円

バゲット
フランス産小麦を使用し、低温で長時
間発酵。外側は香ばしく、中はしっと
り。粉の甘みもしっかり感じる。440円

キッシュブレムタルド
塩味のフォンセ生地にニンジン、
鶏肉、ブロッコリー、粒
マスタードとアパレイユを流
し入れて焼成。540円

ガレット・デ・ロワ
クレームダマン
ドの濃厚であり
ながらほどよく
軽い味わい。1カ
ット540円

DouxMバゲット
北野にあるフレンチレス
トラン「Cuisine Franco-
japonaise Matsushima」
の松島シェフとの共同開
発で生まれたバゲット。
全粒粉を使用し、皮が薄
くもっちり。302円

ラープドック
ラープという、タイの
ひき肉を使ったサラダ
を再現し、レコルトの
春よ恋100%で作った
ドックに挟んだ人気商
品。356円

洋梨のタルト仕立て
サクサクのデニッシュ生地に
カスタードクリームと洋梨。
洋梨に見立てた形がかわい
い。389円

バタール
自慢のフランス
パン。カリッと
香ばしい外側と
もっちりとして
いて口どけのよ
い内側がグッド
バランス。357円

抹茶トゥトゥン
鮮やかなグリーンがインパク
ト大。生地に上質の抹茶パウ
ダーを練り込んだパンは、風
味よく上品な味。195円

チョココルネ
コルネ型の生地の中は
ヴァローナ社のクーベル
チュールで作る自家製
チョコクリーム。290円

ソーセージ3種
ふんわりフォカッチャ生地
に粗びきソーセージなど3種
とたっぷりチーズをトッピ
ング。350円

シナモンクルミ
菓子パン生地にまろやか
な香りのシナモンと香ば
しいクルミを巻き込んだ
リッチな味。280円

イチヂク
フランスパン生地
の中にフランス産
のセミドライイチ
ヂクとクリームチ
ーズ。ワインに合
う。280円

D Boulangerie la lune
ブランジュリ ラ リュンヌ
三宮・元町 **MAP** 付録P.17 D-1

女性ブーランジェが腕をふるう
日本ではもちろん、フランスでの経験
を持つ女性ブーランジェが営む小さな
店。フランス産小麦を使って低温長時
間発酵で作るバゲットなど、フランス
の郷土色を感じるパンが多数揃う。

☎078-341-2018 働中央区栄町通4-3-12
⏰10:00～19:00 働水～金曜 交JR元町
駅から徒歩7分／地下鉄・みなと元町駅から
すぐ Pなし

E ブーランジェリー レコルト
兵庫区 **MAP** 付録P.2 B-3

下町の大人気ブーランジェリー
店奥の大きなフランス製窯からは、焼
きたてのバゲットがどんどん登場。毎
日約120種焼くパンは、シェフ自慢の
ハード系や、サンドイッチ、クロワッ
サン、クリームパンやあんぱんも人気。

☎078-599-6436 働兵庫区大開通7-5-16
⏰7:30～18:30(売り切れ次第閉店) 働日・
月曜 交神戸高速鉄道・大開駅からすぐ
Pなし

F ビゴの店
神戸国際会館店
ビゴのみせ こうべこくさいかいかんてん
三宮・元町 **MAP** 付録P.11 D-4

バゲットの伝道師の名店
フランスパンを日本に伝えたフィリ
ップ・ビゴ氏が開業した店。本場と変
わらないベーシックなおいしさを伝
え続けている。

☎078-230-3367 働中央区御幸通8-1-6
神戸国際会館SOL B2 ⏰10:00～20:00
働不定休 交JR三ノ宮駅から徒歩5分／地下
鉄・三宮・花時計前駅からすぐ Pなし

G パンやきどころ RIKI
パンやきどころ リキ
三宮・元町 **MAP** 付録P.12 A-1

県外ファンも多い人気店
店内にずらりと並んだきれいな焼き色
のパンの数は約180種。1本290円と
デイリープライスのバゲットをはじめ、
シェフが大好きだと話すブリオッシュ
生地で作る贅沢な菓子パンも大好評。

☎078-392-8585 働中央区栄町通2-7-4
佐野達ビル1F ⏰8:00～18:00(売り切れ
次第閉店) 働火・水曜 交JR元町駅から徒
歩5分 Pなし

神戸の街で評判です 実力派のパン屋さん

手軽なお昼やおやつにぴったり

散策途中に小腹がすいたときや、予定が詰まっていてあまり食事に時間をかけたくないときに。ふらっと立ち寄った店で、とびきりのパンが食べられる。そんな贅沢も神戸ならではのお楽しみ。

Ca marche
サマーシュ

北野 **MAP** 付録P.6A-3

対話をしながらパンをセレクト
独特の販売スタイルが新鮮！

印象的なのは、店内の中央にあるバー。そのバーの手前から「これはどんな味？」などとスタッフとコミュニケーションをとりながらパンを選んでいくスタイルが楽しい。焼きたてパンは常時約100種も。

☎078-763-1111 ㊟中央区山本通3-1-3 ㊞10:00〜18:00 ㊡月〜水曜 ㊩JR三ノ宮駅から徒歩8分 ㋕なし

店先のテラス部分がイートインスペース。気軽に楽しめる

セザムノワールノワ
フランスパン生地に黒ゴマとクルミを混ぜ込んだ香ばしいパン。そのままでも、トーストしてバターやオリーブオイルと一緒でも。
432円

りんごのコンポート
ソフトなフランスパン生地にリンゴのコンポートを包んだ商品。アクセントに黒みつかジャムがかかっている。378円

ポルトパニーノ

三宮・元町 **MAP** 付録P.16C-1

選べる具材も豊富に揃う
こだわりパニーノの専門店

脂身の多いハムにはチャバタを、サーモンやツナにはもっちり生地のロゼッタを、具材に合わせてパンを用意。全20種のメニューに加え、カスタムできるイタリア食材、野菜などもスタンバイ。

☎078-362-2770 ㊟中央区元町通5-8-15 クロスビルル1F ㊞11:30〜19:00 ㊡月曜 ㊩阪急・花隈駅／阪神・西元町駅から徒歩1分 ㋕なし

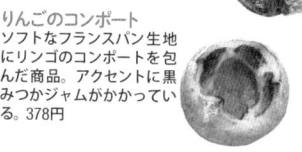
カウンターではイートインも楽しめる

生ハム、モッツァレラ、トマトパニーノ
チャバタにサンドしているのは定番人気の3種の具材。パニーノ700円。イートインでグラスワイン600円と合わせたい

モルタデッラ
ボローニャ産特大ソーセージハム、ゆで卵、トマト、レタスをサンド。680円

気まぐれパニーノ
オイルサーディン、トマト、黒オリーブ、ケッパー、ジャム、レタスをサンド。700円

TOR ROAD DELICATESSEN
トア ロード デリカテッセン

三宮・元町 **MAP** 付録P.9E-2

食べごたえ抜群の
贅沢サンドイッチは必食！

創業70余年の老舗デリカテッセン。ドイツの伝統的な製法とレシピを忠実に守るハム、ソーセージ、燻製などはどれも本格派。2階のサロンでは、それらを使ったサンドイッチも楽しめる。

☎0120-56-1186 ㊟中央区北長狭通2-6-5 ㊞10:00〜18:30(2Fサンドイッチルーム11:00〜15:00) ㊡水曜(2Fは12月休業) ㊩JR元町駅から徒歩5分 ㋕なし

↑↓2階のサンドイッチルームは落ち着いた空間(左)、さわやかなブルーの外観(上)

ミックスサンド
自家製のスモークサーモン、ローストビーフ、ソーセージ、ハムがサンドされた盛り合わせ。1430円

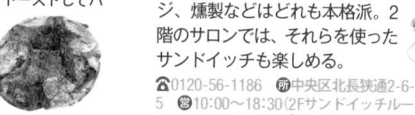

瀬戸内レモンと生ハムのサンド
生ハム、クリームチーズ、レモンスライスが◎。1188円(テイクアウトのみ)

原田パン
はらだパン

長田区 **MAP** 付録P.2A-3

地元の懐かしい味！給食でも
慣れ親しんだベーカリー

長田神社の参道にある創業昭和21年(1946)のベーカリー。神戸の小学校の給食用パンも製造していることから、長年のファンも多数。懐かしい形のパンや牛すじぼっかけ、そばめしなどを取り入れた地元ならではのパンも人気。

☎078-577-2255 ㊟長田区六番町7-2 ㊞7:30〜20:00 ㊡不定休 ㊩神戸高速鉄道／地下鉄・長田駅から徒歩5分 ㋕なし

店の一角にあるカフェスペースは気軽な雰囲気

シャーベットクリーム
菓子パン生地にホワイトクリームがたっぷり。156円

エッグベネディクト
器に見立てた菓子パン生地の中に野菜＆目玉焼き。半熟卵がトロリとパンに絡んで美味。237円

シャーベットフラワー
渦巻き型にロールした形がレトロ。156円

「スイーツとパンの街」が積み重ねてきた時

神戸のスイーツとパンがおいしい理由

**神戸周辺には数多くのスイーツとパンの名店があり、味比べは旅の一大トピックとなっている。
洋菓子、パンともに全国一の消費量という激戦区は、どのようにして生まれたのだろうか。**

本場の味を知る神戸の人々

　神戸が現在「スイーツとパンの街」となった理由の第一はもちろん、慶応3年（1868）の神戸開港でいち早く外国文化に親しんだことが挙げられる。開港の翌年には外国人向けのパン屋が開業していたそうで、江戸時代から続く菓子店である神戸凮月堂が始めた洋菓子や、明治38年（1905）創業の藤井パン（現在のドンク）の作るパンは、外国人だけでなく日本人庶民にも受け入れられていった。

　次なる転機は大正時代のこと。大正7年（1918）に終結した第一次世界大戦の結果、ハインリッヒ・フロインドリーブやカール・ユーハイムといった洋菓子やパン製造の技術者が来日し、神戸に店を構えた。時を近くして大正12年（1923）に起きた関東大震災で、神戸に技術者が集まる契機に。彼ら外国人が伝えた本場の味を知る神戸では、引っ張られるように日本人の店の質も向上。神戸は日本一のスイーツとパンの先進都市となっていった。

外国人創業者の思いと味を受け継ぐ2つの老舗

教会を利用した店舗が人気

FREUNDLIEB フロインドリーブ ➡P.126

　第一次世界大戦で日本軍の捕虜となったドイツ人、ハインリッヒ・フロインドリーブが大正13年（1924）に開業したパン屋が始まり。一時は10軒近くの店舗を持つにいたったが、第二次世界大戦の空襲で焼失する。

　戦後になって、ドイツでの修業を終えた長男のハインリッヒ・フロインドリーブ2世が現在につながる会社を設立した。阪神・淡路大震災後、旧神戸ユニオン教会を改装した現在の店舗へ移った。昭和52年（1977）に放映され北野の異人館ブームを巻き起こしたNHK連続テレビ小説『風見鶏』は、父のハインリッヒとその日本人妻をモデルにしたもの。また、現在スターバックスが入る北野の神戸物語館は、一時期フロインドリーブが住居としていた建物だそう。

バウムクーヘンを日本に伝えた

ユーハイム ➡P.124

　創業者は中国の青島で喫茶店を経営していたドイツ人、カール・ユーハイム。第一次世界大戦で日本軍の捕虜となり日本に連れてこられる。大正8年（1919）、収容所の作品展覧会で日本初のバウムクーヘンを焼き上げ、評判を呼んだ。解放後、青島から呼び寄せた妻エリーゼとともに、横浜でレストランを経営していたところ、関東大震災に遭い神戸へ移住。開業した喫茶店「ユーハイム」は本場のドイツ菓子を売る店として人気を博した。

　第二次世界大戦後、カールとエリーゼはドイツへと強制送還となったが、残された職人たちが店を再開する。昭和28年（1953）にはエリーゼを再び迎え、今も神戸みやげの定番の店として好まれている。

電車に乗っても食べに行く!

神戸から大阪へ、JR、阪急、阪神の鉄道3線が並行して走る一帯は両都市のベッドタウン。
厳しい舌を持つマダムたちも認めるパンとスイーツの名店がたくさん見つかる。

150種のレパートリーを誇る
アメリカ人直伝の味をベースに
PATISSERIE CASSALADE
パティスリーカッサレード

↑目移りするほどの数
多くのケーキが並ぶ

住吉 **MAP** 本書P.2 C-3
幼少期、サンディエゴに住んでいた大西秀輝氏が、隣人に作ってもらったチーズケーキのおいしさを再現。スフレ、レア、ベイクドなど約150種のレパートリーから、季節限定など20種がショーケースに並ぶ。

☎078-821-3553　⑭東灘区住吉宮町7-2-10 OCビル1F　⑮10:30〜20:00　⑯不定休　⑰JR住吉駅から徒歩5分　Ⓟ2台

抹茶と小豆の
チーズケーキ
宇治抹茶とマスカルポーネ、小豆のベイクドチーズの2層。604円

スクエア
チーズケーキ
濃厚でまろやかな思い出の味。ローストしたクルミがアクセント。529円

トリプル
チーズケーキ
レアチーズクリーム、マスカルポーネのムース、ベイクドチーズケーキの最強の3層が絶品。594円

バスク
チーズケーキ
話題のバスクチーズケーキ。表面がカリッと香ばしく中はしっとり。540円

↑ロールケーキの
実演も見学できる
広々とした店内

彩ロール
上にはイチゴ、中にはキウイ、黄桃などフルーツたっぷり。2200円

匠ロール
北海道産生クリームとしっとり生地のバランスが極上の味。1350円

ふわふわ、しっとり
こだわりのロールケーキ
みかげ山手ロール
御影本店
みかげやまてロール みかげほんてん

御影 **MAP** 本書P.2 C-2
店内正面のショーケースに美しく並ぶ渦巻きのロールケーキは圧巻。国産小麦、北海道の生クリームなど、無添加素材で作るロールケーキは常時11種。定番の匠ロール、旬の果物を使ったタイプのほか、秋冬は常温で保存可能なバタークリームタイプも。

↑上質なロールケーキを買いに多くの客が訪れる

☎078-856-7455　⑭東灘区御影1-14-31　⑮10:00〜19:00　⑯無休　⑰阪急・御影駅から徒歩7分　Ⓟあり

みかげ	すみよし	
御影・住吉	神戸市東灘区にある住宅街。美しい建築を持つ美術館やカフェが点在。	

最寄り駅:阪急・御影駅、阪神・御影駅、JR住吉駅

おかもと	
岡本	大学のキャンパスや公園が多く、緑あふれる街。洋菓子の激戦区でも有名。

最寄り駅:阪急・岡本駅、JR摂津本山駅

パリ仕込みのセンスを生かした
心惹かれるキュートなスイーツ
L'atelier de Massa
ラトリエ ドゥ マッサ

岡本 **MAP** 本書P.3 D-2
パリの3ツ星レストランでデセール担当や「ラデュレ」にて部門責任者を務めたパティシエ、上田真嗣氏のお店。パリ仕込みのテクニックとセンス、キュートなデザインアイデアに食べやすさにも配慮を忘れず、大人から子どもまで愛されている。

↑海外のようなおしゃれな
店に立ち寄りたい

⑭東灘区岡本4-4-7　⑮078-413-5567　⑯10:00〜19:00(LO18:30)　⑰火曜、ほか不定休　⑱阪急・岡本駅／JR摂津本山駅から徒歩10分　Ⓟ提携駐車場利用

チョコクランチ
アイスバーのような形から子どもにも人気の定番。バニラムースをカリカリチョコで覆い、ブラウニーの上へのせて。491円

プレミアムモンブラン
3種のフランス産マロンをブレンドした大人気の味わい。カップの中はメレンゲと生クリーム。561円

プロヴァンス
オリーブオイルのムースにマンゴーとアプリコットのジュレ。下にはナッツのザクザク生地を敷いて。481円

↑パリのアパルトマン
をイメージした店内

スイーツ&パン●パン

天然酵母と無農薬国内産食材
卵や牛乳不使用のオーガニックパン

ameen's oven
アミーンズ オーヴン

⬆木を多く使った
ナチュラルなイート
インスペース

パンと季節の
野菜のスープの
プレート
（おまかせパン5種付き）
丹波篠山産を中心に自
然農、有機、無農薬の
野菜を使用したランチ
プレート。ほかに3種の
ランチあり。1250円

西宮 MAP 本書P.3 E-2
国内産の小麦粉をパンごとに使い分け、自
家製酵母で発酵させて焼き上げる滋味豊
かなパンで、全国のファンに絶大なる信頼
を得ているベーカリー。粉以外の素材もも
ちろんオーガニック、無農薬有機栽培、国
内産に限定している。

☎0798-70-8485 🏠西宮市若松町6-18-101 ⏰
9:30～18:00（カフェL017:00）※売り切れ次第終
了 🚫月曜、第1・3・5日曜 🚃阪急・夙川駅から徒
歩6分／JRさくら夙川駅から徒歩7分 🅿あり

⬆ナチュラルな雰囲気

シナモンレーズン
ベーグル（左上）238円
オニオンベーグル
（左下）238円
ビオミッシュ・ホール
（左上）950円
いよかんトースト
（右下）464円
いずれも卵、牛乳、そば、バタ
ー不使用。有機栽培玉ネギ、有
機シナモン、有機レーズン、ビ
オミッシュには栄養価が高い古
代麦、有機スペルト小麦を使用。
噛めば噛むほど味わいが増す

フリアンドのクリームパン
あっさりとした甘さの自家製
カスタードクリームがたっぷ
り。世代を超えてファンの多
い品。220円

フリアンドのカレーパン
自家製カレーを入れて揚
げたカレーパン。店のな
かでも常にトップの人気
ぶり。260円

クロワッサン・
トルビアック
フランス産A.O.C.認証
の上質発酵バターを使
用して風味豊か。この
パンをはじめ、コスト
パフォーマンスの高さは
特筆もの。250円

世界で認められた凄腕が焼く
毎日食べたい多彩なパン

FRIANDE
フリアンド

西宮 MAP 本書P.3 E-2
創業72年、パンの国際コンクール
で世界チャンピオンとなった実力
派、3代目の谷口佳典氏がシェフを
務める。「毎日食べても飽きのこな
いパン」を信条に、粉や窯、自然酵
母にこだわる140種ものパンと焼
き菓子などを毎日焼き上げている。

⬆地元でも愛される老舗
☎0798-23-0101
🏠西宮市若松町3-1
⏰7:00～19:00
🚫火・水曜
🚃阪急・夙川駅から徒歩5
分／JRさくら夙川駅から
徒歩7分 🅿なし

あしや
芦屋
桜並木が美しい芦屋川周辺は、多くの
文学作品にも登場する風情ある街。

最寄り駅：阪急・芦屋川駅、阪神・芦屋駅、JR芦屋駅

にしのみや
西宮
神戸の中心街から南東部にある閑静な
住宅街。おしゃれなパン屋が多い。

最寄り駅：阪急・夙川駅／西宮北口駅、阪神・西宮駅、JR
さくら夙川駅／西宮駅

芦屋から生まれた一大ブランド
おしゃれで堅実な手作り菓子

アンリ・シャルパンティエ
芦屋本店
アンリ・シャルパンティエ あしやほんてん

芦屋 MAP 本書P.3 D-2
昭和44年（1969）、芦屋のこの地で喫茶
店として創業。代表メニューのクレープ・
シュゼットをはじめ、ロングセラーのフ
ィナンシェ、マドレーヌなどの焼き菓子、
季節感あふれる生ケーキなどいまや全
国区となった関西屈指の洋菓子メーカー。

⬆風格あふれる本店の外観
☎0797-31-2753 🏠芦屋
市公光町7-10-101 ⏰10:
00～20:00、サロン11:00
～20:00（LO 19:30） 🚫
12/24・25（サロン）、1/1
🚃阪急・芦屋川駅から徒歩
11分／阪神・芦屋駅からす
ぐ 🅿提携駐車場利用

クレープ・シュゼット
店名はこのデザート
考案者の名に由来する
という店のシンボル。
目の前で仕上げられる
イートインメニュー。
1320円

カランデール
「大切な人の大切な日に」と
いうコンセプトで生まれたカ
レンダー型のケーキ。希望の
日付を赤のグロゼイユで印付
けしてもらえる。3780円（15
cm）、4860円（18cm、写真）

フランべして
できあがり！

⬆高級感あふれる店内で
イートインも可能

電車に乗っても食べに行く！

133

神戸の夜景が目の前に広がる
港町が見えるホテル

1000万ドルの夜景が広がる神戸の夜は、
心地よいラグジュアリーホテルで。
美しい眺めと最高のサービスとともに
過ごせるホテルをご紹介。

⬆神戸の港を一望できる部屋のジャクジーバス。優雅なひとときを演出してくれる（フラワーバス、シャンパンは有料オプション）

ホテル ラ・スイート神戸
ハーバーランド

ホテル ラ・スイートこうべ ハーバーランド
ベイエリア MAP 付録P.16 C-2

**全室オーシャンビューの部屋で
くつろぐ優雅なセレブステイを**

ヨーロピアンモダンな雰囲気たっぷりのラグ
ジュアリーホテル。70室ある客室すべてが
オーシャンビューで、ゆったりとした優雅な
時間を過ごせる。全室にテラスとジャクジー
が付いており、テラスからは美しい神戸の
景色が目の前に広がる。

☎078-371-1111
🏠中央区波止場町7-2
🚃地下鉄・みなと元町駅から徒歩4分／
JR神戸駅から徒歩10分　🅿あり
in15:00　out12:00　室70室
料金ツイン（朝食付）1万9930円〜

⬆夜になると中庭がライトアップされ
豪華な雰囲気

⬆ヨーロッパ建築のようなたたずまい。
リゾート感の漂うホテル外観

⬆全室70㎡以上の広々とした空間でリラックスできる。
インテリアもエレガントな装いで美しい

⬆南側の客室からは、神戸港を行き交う船や神戸空港を眺めることができる

ホテルオークラ神戸

ホテルオークラこうべ

ベイエリア **MAP** 付録P.12A-4

神戸のランドマークホテルから港の夜景をゆったり眺める

神戸のランドマークホテルともいえる絶好のロケーション。港町の夜景を一望でき、上質で心安らぐひとときを過ごせる。シンプリシティ&エレガンスを基本にした、優雅で落ち着きある客室が揃う。ホテル内のレストランも充実しており、オークラ伝統のフレンチトーストが楽しめるカフェ(→P.122)も自慢。

☎078-333-0111
🏠中央区波止場町2-1
🚉JR元町駅から徒歩10分／三宮バスターミナルからシャトルバスで10分(土・日曜、祝日はJR新神戸駅発着)
Ｐあり in15:00 out12:00 室468室
予約ツイン(朝食付)1万9313円～

⬆神戸市街の夜景を一望できるオーセンティックフロア ツイン・スタンダード

⬆神戸のランドマークホテル。部屋の向きによりそれぞれ違った景色が楽しめる

神戸ベイシェラトンホテル&タワーズ

こうべベイシェラトン ホテル＆タワーズ

六甲アイランド **MAP** 本書P.3D-3

上質なステイと選び抜かれた一流レストランで安らぐ

神戸のベイサイドにあり、六甲山や神戸港を見渡せるリゾート感あふれるホテル。世界に誇る最上級のおもてなしや、ゆったりとくつろぎながら見る夜景も格別。ホテル内には、バイキングや鉄板焼など一流のレストランやバーがあり、自分の好みに合わせて料理を堪能できるのも魅力。

☎078-857-7000 🏠東灘区向洋町中2-13
🚉六甲ライナー・アイランドセンター駅直結／JR三ノ宮駅から路線バス18分 Ｐあり
in15:00 out12:00 室268室
予約ツイン(朝食付)9965円～

⬆タワーズスイートの部屋からは目の前のパノラマビューにうっとり

⬆海に囲まれた六甲アイランドに位置する

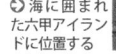

⬆ダイニングKobe Grillでは、フレンチを楽しみながら神戸の1000万ドルの夜景を満喫できる

神戸・宿泊のきほん

北側の山手から南側の港エリアまで、年間500万人の観光客が神戸に宿泊している。
眺望が美しいホテルやエキゾチックな英国風ホテル、有馬温泉の名旅館まで滞在スタイルは多彩だ。

宿泊施設の種類

旅を彩る3つの魅力的な選択肢

● 高級ホテル

神戸を代表するベイエリアのシーサイドホテルと、山側の夜景のきれいなホテル。海と山に囲まれた港町ならではの、絶景ビューホテルが特徴。

● シティホテル&ビジネスホテル

神戸の玄関口である三宮をはじめ、主要駅周辺に建つ設備の整った快適ホテル。便利なロケーションであり、デザイナーズルームや質の高いレストランなど機能的なホテルが多い。

● 温泉宿

ほとんどが郊外の有馬温泉に集中している。神戸ハーバーランド温泉 万葉倶楽部など、中心部にはファミリー向けの温泉施設もある。

大阪や京都に滞在する選択肢も

JR三ノ宮駅からJR大阪駅まで約20分、JR京都駅まで約50分、どちらも乗り継ぎなしでアクセスできるため、大阪や京都を拠点とする旅行客も多い。滞在日数や目的に応じて、滞在先を変えてみるのも、旅行の楽しみ方が広がる。

宿泊施設の多いエリア

海側と山側、港町ならではの過ごし方

● 北野・新神戸

利便性に優れたシティホテルやビジネスホテルが点在。英国調のアンティークホテルも人気。新神戸駅周辺は、六甲山や他県へスムーズに移動できるため、宿泊地に選ばれやすい。

● 三宮・元町

観光やビジネスの拠点として最適なホテルが立ち並ぶ。駅が集中しているため、昼夜問わず人通りが多い。リーズナブルでアクセスも良い。

● ベイエリア

神戸の人気スポットを一望できる、高層シティホテルが立ち並ぶ。1000万ドルの夜景を見渡せる市内でも人気のエリア。

● 六甲山 → P.138

眺望の良い山のホテルが点在する。観光向けの高級ホテルや、登山者の利用も多いスタンダードホテルなどがある。

● 有馬温泉 → P.144

大型旅館を中心に多くの宿が立ち並ぶ。日本屈指の温泉地であるため、一人旅から家族向けまで宿の種類も豊富。

泊まる

136

六甲山・有馬温泉

緑豊かな六甲山系から望む、壮大な景色。
日本三名泉のひとつとして知られる
有馬温泉では、心も体も温まる名湯と
極上の宿が迎えてくれる。
歴史ある温泉街の風情を、
時間を忘れて楽しみたい。

雄大な自然と
名泉の地に
癒やされて

緑あふれる神戸のレジャースポット

六甲山
ろっこうさん
MAP 本書P.2

中心部から気軽に行ける自然豊かな六甲山。子どもから
大人まで楽しめる施設が充実。神戸の街を一望でき、
日が暮れると1000万ドルの夜景を眺めることができる。

街歩きのポイント

神戸の中心街からすぐの立地。
豊かな自然に囲まれリラックス

遊ぶ、作る、食べる、ふれあう
など、多くの体験施設を楽しもう

神戸周辺随一の夜景スポット！
P.26でもピックアップして紹介

⬆檜で作られたフレームが目を引く六甲枝垂れ

街歩きinformation

有馬温泉
六甲山○　芦屋川
岡本
新神戸　六甲道
夙川
元町　三宮　六甲
アイランド
神戸　ポートアイランド
須磨　神戸空港
神戸港

アクセス方法

●公共交通機関

JR六甲道駅
⬇市バス約21分
六甲ケーブル下駅
⬇六甲ケーブル10分
六甲ケーブル山上駅
⬇六甲山上バス約10分
六甲山エリア

●車
阪神高速3号神戸線「魚崎出口」から
40分のドライブ。国道95号を走り、
表六甲ドライブウェイから山上へ。

エリア内の移動

●移動はバスを活用！
六甲ケーブルの往復チケットと六
甲山上のバス乗車券（乗降自由）が
付いたお得な「表六甲周遊乗車券」
は、六甲ケーブル下駅で販売して
いる。1500円。

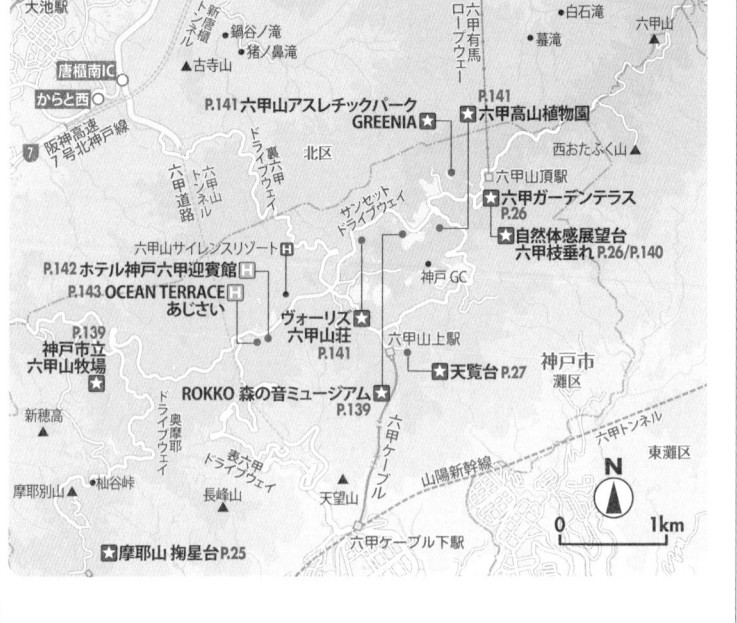

大池駅
新穂高
唐櫃南IC
からと西
阪神高速
7号北神戸線

鍋谷ノ滝
猪ノ鼻滝
古寺山
白石滝
墓滝
六甲山

六甲有馬
ロープウェイ

P.141 六甲山アスレチックパーク
GREENIA
P.141
★六甲高山植物園
西おたふく山▲

裏六甲ドライブウェイ
北区
サンセット
ドライブウェイ
□六甲山頂駅
★六甲ガーデンテラス
P.26

六甲山サイレンスリゾート
P.142 ホテル神戸六甲迎賓館
P.143 OCEAN TERRACE
あじさい
神戸GC
★自然体感展望台
六甲枝垂れ P.26/P.140

P.139
神戸市立
六甲山牧場
ヴォーリズ
六甲山荘
P.141
六甲山上駅
★天覧台 P.27
神戸市
灘区

新穂高
ROKKO 森の音ミュージアム
P.139

摩耶別山　杣谷峠　長峰山
表六甲ドライブウェイ
六甲ケーブル
天望山
山陽新幹線
六甲トンネル
東灘区
N

★摩耶山 掬星台 P.25
六甲ケーブル下駅
0　　1km

雄大な六甲山は見どころたくさん
高原リゾート大満喫!

神戸の六甲山上に広がるエリアで
遊びもグルメもショッピングも
思いのままに満喫。

↑ブラックウェルシュマウンテン、マンクスロフタンなど、珍しい種類も含め約170頭の羊が飼育、放牧されている(神戸市立六甲山牧場)

神戸市立六甲山牧場
こうべしりつろっこうさんぼくじょう

MAP 本書P.138

アルプスの牧場のような雰囲気
羊と一緒にのんびり散歩を

神戸市街地からほど近くにある高原牧場。勾配のある広々とした放牧地に、赤い屋根の畜舎やレンガのサイロがあり、アルプスのような雰囲気。放牧されている羊やヤギたちと自由にふれあうことができ、自家製チーズを使った料理や乳製品の手作り体験、羊の毛を使用したクラフト体験もできる。

☎078-891-0280 **所**灘区六甲山町中一里山1-1 **開**9:00～17:00(入場は～16:30) **休**火曜 **料**3～11月600円、12～2月400円、小人200円、未就学児無料 **交**六甲ケーブル・六甲山上駅からスカイシャトルバス・六甲牧場下車すぐ **P**あり

↪新鮮な牛乳で手作りしているチーズを使用した料理もおすすめ

↪シープドッグショーは牧羊犬の活躍が見もの。土・日曜、祝日のみ開催

ROKKO森の音ミュージアム
ロッコもりのねミュージアム

MAP 本書P.138

自動演奏楽器に魅了され
自然と美しい音色に癒やされる

19世紀後半から20世紀初頭にかけて、欧米で親しまれたオルゴールなどの自動演奏楽器を所蔵。併設のナチュラルガーデン「SIKIガーデン」では自然の風を感じながらランチやティータイムを過ごせる。

☎078-891-1284 **所**灘区六甲山町北六甲4512-145 **開**10:00～17:00(入場は～16:30) **休**木曜(イベント期間など一部開館)、12月30日、1月1日 **料**1500円、小人750円 **交**六甲ケーブル・六甲山上駅から六甲山上バス・ミュージアム前下車すぐ **P**あり

↑併設される「森のCafé」のテラス席

↑SIKIガーデン内「ヒツジグサの池」

↪自動演奏楽器の音色を楽しめる「演奏家のいないコンサート」

⤴檜のフレーム越しに見る景色は幻想的

自然体感展望台
六甲枝垂れ
➡ P.26

しぜんたいかんてんぼうだい ろっこうしだれ

MAP 本書P.138

枝葉のようなフレームが個性的
六甲山の展望台といえば、ここ！

2010年に六甲山のランドマークとして誕生
した展望台。「六甲山上に立つ1本の大きな
樹」をコンセプトに、自然体感型施設として
建築家・三分一博志氏により設計された。

☎078-894-2281（六甲ガーデンテラス代表）
所灘区六甲山町五介山1877-9 営10:00〜
21:00（入場は〜20:30）※季節、曜日、天候により
変動あり 休無休（冬期施設メンテナンス休あり）
料1000円、子供500円 交六甲ケーブル・六甲山
上駅から六甲山上バス・六甲ガーデンテラス下車
すぐ Ｐあり

⤴展望台の中心部にある風室は六甲山
の風で自然換気されている

⤴夜は1000万色以上の色彩表現がで
きるLEDでライトアップ

⤴吉野の総檜葺きの枝葉が展望台全体を覆う六甲枝垂れ

←檜、松、ナラなど長期自然乾燥された素材が使われている

ヴォーリズ六甲山荘

ヴォーリズろっこうさんそう

MAP 本書P.138

個人の別荘として建てられた
阪神間モダニズム時代の名建築

昭和9年（1934）にヴォーリズ建築事務所の設計で個人の別荘として建てられた。5800㎡の広大な敷地に残る床面積264㎡の木造家屋は、ヴォーリズの特色がよく出ている。建築的価値や希少性が高い建物として保存・管理されている。2021年4月には、旧室谷邸門廊の部材を使用した休憩所「室谷邸記念館」がオープン。

☎0798-65-4303　所灘区六甲山町北六甲4-744　営11:00～16:00（入場は～15:30）　休月～金曜、2023年は11月20日より休館※公開日は年により異なる　料500円　交六甲ケーブル・六甲山上駅から六甲山上バス・記念碑台下車、徒歩15分　Pなし
⊃保存活用を目指して、イベントなどを定期的に開催

六甲高山植物園

ろっこうこうざんしょくぶつえん

MAP 本書P.138

市街地から30分の六甲山で
可憐な高山植物に出会える

海抜865m、年平均気温約9℃（北海道南部に相当）の気候を利用して世界の高山植物、寒冷地の植物を中心に六甲山自生植物など約1500種類を栽培。昭和8年（1933）開設以来の長い歴史でも知られる。

↑北海道南部に相当する気候を生かして植物を栽培しており、新緑のなかでさまざまな花が咲き揃う初夏がベストシーズン

☎078-891-1247　所灘区六甲山町北六甲4512-150　営10:00～17:00（入園は～16:30）　休詳細は公式サイトを要確認　料900円、子供450円　交六甲ケーブル・六甲山上駅から六甲山上バス・高山植物園下車すぐ　Pあり

可憐な高山植物と山野草

クリンソウ

花期：5月中旬～下旬
約6000株のクリンソウが一面に広がり、まるで絨毯のよう

コマクサ

花期：5月中旬～6月下旬
日本の高山植物の女王コマクサの群落を観賞できるのは同園ならでは

ヒマラヤの青いケシ

花期：5月中旬～6月下旬
秘境の花、ヒマラヤの青いケシ。澄んだ青空のような花びらが美しい

子どもと一緒に楽しみたいなら、こちらへ！

六甲山アスレチックパーク GREENIA

ろっこうさんアスレチックパーク グリーニア

MAP 本書P.138

六甲山の緑に囲まれた王国で大冒険

「山、空、水辺。すべてが舞台の冒険王国。」をテーマにした日本最大級のアスレチックパーク。六甲山の自然に囲まれた7つのエリアで、174ポイントのアスレチックが楽しめる。

☎078-891-0366　所灘区六甲山町北六甲4512-98　営10:00～17:00（受付は～16:30）　休木曜（祝日・夏休みの場合は営業）　料3000円、小学生2000円、未就学児1500円　交六甲ケーブル・六甲山上駅から六甲山上バス・アスレチックパーク前下車、徒歩4分　Pあり　※各アスレチックエリアのなかには年齢や身長制限を設けているエリアもあり

↑「そりたつカベのてっぺんで」は大人も子どもも楽しめるアスレチック

⊃水上アスレチックは成功しても失敗しても楽しい

↑フィールドアスレチック「wonder yamambo（ワンダー ヤマンボー）」は小学生も体験できるのでファミリーにおすすめ

高原リゾート大満喫！

141

くつろぎの空間から
1000万ドルの夜景を眺める

絶景の山ホテル

瀬戸内海国立公園の一角をなす六甲山、摩耶山。
神戸から大阪、紀伊半島と続くパノラマが、
星降る夜景に変わる様子は値千金。
一日の終わりに、ホテルから堪能したい。

⬆南向きのシースルーエレベーターからは神戸の美しい景色を楽しみながら各階へ移動できる

ホテル神戸六甲迎賓館
ホテルこうべろっこうげいひんかん

MAP 本書P.138

**2021年3月、六甲山上に
8年ぶりにホテルが開業**

六甲の自然と港町神戸をイメージした、赤レンガと欧風モダンな外観が特徴の新築リゾートホテルがオープン。山の斜面を生かした構造となっており、全室洋室で目的や用途に合わせ、5タイプから選べる。摩耶山付近から湧き出る神戸二軒茶屋温泉の湯が楽しめる大浴場を完備。

☎078-891-1239 🏠灘区六甲山町南六甲1034-8 🚌阪急六甲・JR六甲道駅から送迎あり（要予約）🅿あり 🛏15:00～19:00 🛏out10:00 🏨全23室 予算スタンダードツインルーム1泊2食付3階3万2780円～
※最新の料金はHPにて要確認

⬆「愛犬のためのビュッフェ」も用意され、ペットと一緒でも安心

⬆六甲山付近で収穫した山の幸、近郊農家から直送される地野菜や米など、神戸の旬のものを使った本格的創作フレンチ

⬆リゾート気分を高めてくれる上質な洋室の部屋

⬆港町神戸のレンガ造りをイメージした「煉瓦の湯」。旅の疲れを癒やしたい

↑2階洋室「馬酔木（あせび）」のテラスでは街の喧騒を忘れてくつろぎの時間を過ごせる

OCEAN TERRACE あじさい

オーシャン テラス あじさい

MAP 本書P.138

六甲の緑豊かな自然と
絶景が見渡せる極上空間

1000万ドルの神戸の夜景を一望できる宿。客室は全5室のみで、上質かつプライベート感を満喫できる。落ち着いた雰囲気の客室や浴室が魅力。なかでも貸切の露天ジャクジーバスでは、眺望の美しい夜景と満天の星が広がり、贅沢な時間を過ごせる。

☎078-891-1010 ㊟灘区六甲山町南六甲1034-181 ㊚六甲ケーブル六甲山上駅から送迎あり（要電話連絡）
Ｐあり in15:00 out11:00 圏5室
予約1泊2食付3万6500円〜

↑宿の入口には7月初旬になるとアジサイが咲き誇る
↑神戸港や街並みのきらめく夜景を眼下に望む

↑1階和洋室「合歓木（むねのき）」の広々とした寝室

↑開放感あふれる貸切展望ジャクジー。チェックイン時にフロントで利用予約を忘れずに

有馬温泉

ありまおんせん

MAP 付録P.18・19

歴史上の人物もこの温泉街を散策した

日本最古の温泉源として有名な有馬は、古くから関西の奥座敷として栄えてきた。風情を楽しむ露天風呂や気軽な日帰り湯で、市街地から足を延ばして心も体も温まろう。

郊外●有馬温泉

街歩きinformation

有馬温泉〇
谷上　芦屋川　夙川
新神戸　岡本
住吉
元町　三宮　六甲アイランド
神戸　ポートアイランド
須磨　兵庫
神戸空港
神戸港

アクセス方法

●電車

三宮駅
⟳地下鉄西神・山手線約10分

谷上駅
⟳神戸電鉄有馬線約15分

有馬温泉駅

●バス

JR三ノ宮駅
⟳阪急バス/姫神バス約50分

有馬温泉駅

●車
阪神高速「有馬口出口」から有馬中心部までは約10分とすぐ

街歩きのポイント

有馬には宿泊せずに楽しめる由緒ある日帰りの名湯がたくさん

浴衣で温泉街を歩いて、ここでしか買えないアイテムをみやげに

宿はどこも歴史ある老舗。自分好みの源泉や露天風呂を選ぼう

由緒ある名湯で心も体も温まる

日帰り湯で気軽に温泉を満喫 ♨

日本二名泉といわれる有馬には、着いたらすぐに楽しめる
日帰り湯が点在している。歴史に育まれた名泉にふらりと立ち寄ろう。

↪日本三名泉の金泉で心身ともにリラックス

有馬温泉 太閤の湯
ありまおんせん たいこうのゆ

MAP 付録P.19 D-1

26種類の風呂と岩盤浴が楽しめる

太閤秀吉の「黄金の茶室」をイメージした金泉と銀泉の蒸気浴「黄金の蒸し風呂」をはじめ、26種類のお風呂と岩盤浴で、金泉・銀泉・炭酸泉（人工）が満喫できる。

↪バスタオルセット付きだから手ぶらで満喫できる

↪有馬炭酸泉を再現した露天の岩風呂

☎078-904-2291 所北区有馬町池の尻292-2 営10:00～22:00(最終入場21:00) 休不定休 料2750円、小学生1239円、幼児440円(土・日曜、祝日は2970円、小学生1430円、幼児550円、特定日は大人3300円) 入湯税75円別途必要 交神戸電鉄・有馬温泉駅から徒歩7分 Pあり

有馬本温泉 金の湯
ありまほんおんせん きんのゆ

MAP 付録P.18 C-2

金泉はとろり濃厚な赤茶色

有馬本温泉・金の湯(金泉)が楽しめる。効能は神経痛や関節痛、筋肉痛など多様。「一の湯」「二の湯」の浴場があり、館外には「太閤の足湯」も。

↪赤茶色の湯が体に染みわたる

☎078-904-0680 所北区有馬町833 営8:00～22:00(最終入場21:30) 休第2・4火曜(祝日の場合は翌日) 料800円、子供350円、幼児無料。2館券(金の湯・銀の湯)1200円 交神戸電鉄・有馬温泉駅から徒歩5分 Pなし URL arimaspa-kingin.jp

有馬温泉 銀の湯
ありまおんせん ぎんのゆ

MAP 付録P.18 C-2

銀泉はサラサラと無色透明

銀の湯(銀泉)は無色透明の炭酸泉とラジウム泉の混合でやさしい湯ざわり。多様な効能があるが、美肌効果が人気だ。打たせ湯やスチーム式サウナもある。

↪太閤秀吉が好んだ岩風呂のよう

☎078-904-0256 所北区有馬町1039-1 営9:00～21:00(最終入場20:30) 休第1・3火曜(祝日の場合は翌日) 料700円、子供300円、幼児無料。2館券(金の湯・銀の湯)1200円 交神戸電鉄・有馬温泉駅から徒歩10分 Pなし URL arimaspa-kingin.jp

有馬の泉源を巡る

温泉を楽しんだあとは、温泉街に点在する7泉源の湯質を確かめてみては。天神泉源、極楽泉源、御所泉源、有明泉源、妬泉源が鉄分を多く含む金泉が、炭酸泉源、太閤泉は銀泉が湧いている。飲泉場となっているところもあり、舌でも温泉を楽しめる。

天神泉源

炭酸泉源

極楽泉源

御所泉源

妬(うわなり)泉源

太閤泉源

有明泉源

※2023年10月現在、太閤泉は止まっている

歩いて感じる昔ながらの街並み

のどかな温泉郷を
ゆるりと散策

公園や寺社、食事処や老舗のみやげ屋、どこを進んでもゆるやかな
時間の流れがうれしい街。時を忘れて心ゆくままに散歩したくなる。

郊外●有馬温泉

湯けむり広場
ゆけむりひろば

MAP 付録P.18 B-1

有馬温泉を愛する
太閤秀吉の像

有馬温泉の入口にある温泉
をイメージした公園。太閤秀
吉の像や、湯けむりに見立
てた滝もあり、訪れた人の
憩いの場となっている。

北区有馬町 神戸電鉄・有馬温泉駅からすぐ

↑太閤秀吉の像が、今も有馬の地を見守る

温泉寺
おんせんじ

MAP 付録P.18 C-2

有馬の繁栄を願う僧・行基が建立

薬師如来像と十二神将像が本堂中心に鎮
座する。神亀元年(724)に僧・行基が建立
し、開祖の菩薩も祀られている。また、本
堂では坐禅体験、庫裡では中国風精進料理
(普茶料理)をいただくことができる(各種
要予約)。

☎078-904-0650 北区有馬町1643 見学自由 神戸電鉄・有馬温泉駅から徒歩
15分 なし

← 薬師如来を祀る有馬最古の寺。阪神淡路大震災で半壊するも再建され、現在に至る

瑞宝寺公園
ずいほうじこうえん

MAP 付録P.19 F-3

関西有数の紅葉の名所

明治期に廃寺となった瑞宝寺跡が公園になっ
た。太閤秀吉愛用の石の基盤や、11月には
有馬大茶会も開催。

北区有馬町 神戸電鉄・有馬温泉駅から徒歩20分

← 緑豊かな公園は紅葉が始まるとたいへん賑わう

念仏寺
ねんぶつじ

MAP 付録P.18 C-2

「沙羅樹園」の
庭が美しい

太閤秀吉の正室ねね
の別邸として知られ
る。6月中旬頃から、
美しい沙羅双樹が白
い花を咲かせる。

↑有馬の地にひっそりとたたずむ寺院

☎078-904-0414 北区有馬町1641 9:00～17:00 無休 茶房
CITTA利用(拝観料込) 神戸電鉄・有馬温泉駅から徒歩10分 なし

有馬の工房
ありまのこうぼう

MAP 付録P.18 C-2

温泉街の
くつろぎスペース

散策の合間に休憩で気軽
に利用できるスペース。
有馬温泉の見どころを紹
介するギャラリーなどが
設置されている。

↑多目的ホールでは季節によりさまざまなイベントや個展が行われる

☎078-903-5554 北区有馬町1019 9:00～18:00 第4火曜(祝
日の場合は翌日) 神戸電鉄・有馬温泉駅から徒歩8分 なし

↑歴史ある温泉街の風情を感じる

湯本坂
ゆもとざか

MAP 付録P.18 C-2

風情ある坂道が特徴

本温泉脇から六甲川に出るまでの、約600mの細い坂道。石の道識や有馬名産のみやげ屋などが並ぶ。

☎078-904-3450 ⚑北区有馬町 ⏰見学自由 ⚑神戸電鉄・有馬温泉駅から徒歩5分 Ｐなし

↑リラックスできる無料の足湯

散策途中の立ち寄りスポット

みやげ屋や軽食も
風情を感じる有馬温泉ならではのアイテムを。

上質の仏蘭西菓子と珈琲でひと休み `カフェ`
Cafe de Beau
カフェドボウ

MAP 付録P.18 C 2

♪ノスタルジックな雰囲気が魅力。地元の素材を生かしたスイーツとスイーツのために特注した珈琲を味わいたい。

☎078-904-0555 ⚑北区有馬町835 ⏰9:00〜18:00(LO17:00) ⚑不休 ⚑神戸電鉄・有馬温泉駅から徒歩7分 Ｐなし

↑丹波黒豆を使用したタルト「黒丸御所」605円

筆から人形がひょっこり `有馬人形筆`
灰吹屋 西田筆店
はいふきや にしだふでてん

MAP 付録P.18 C-2

筆を起こすと、軸の中から人形が飛び出す有馬人形筆。古くからの有馬名物で、子宝授与の縁起物として作られる。

☎050-7125-1393 ⚑北区有馬町1160 ⏰10:00〜16:00 ⚑水・木曜 ⚑神戸電鉄・有馬温泉駅から徒歩7分 Ｐなし

↑色とりどりの絹糸が巻き付けられた紋様も美しい

明治元年創業のみやげ店 `有馬みやげ`
吉高屋
よしたかや

MAP 付録P.18 C-1

有馬温泉の温泉分析書に基づいた入浴剤や、温泉水配合の洗顔石鹸などを販売。みやげにおすすめの商品が並ぶ。

☎078-904-0154 ⚑北区有馬町259 ⏰9:30〜19:00 ⚑水曜 ⚑神戸電鉄・有馬温泉駅からすぐ Ｐあり

↑「カメ印」の看板と角の赤いポストが目印

↑オリジナル商品を多数販売

↑温泉水配合のコスメや入浴剤などのレトロなパッケージ

銘菓・炭酸せんべい発祥の店 `炭酸せんべい`
三津森本舗
みつもりほんぽ

MAP 付録P.18 C-2

有馬の炭酸泉を利用し、創業者・三津森松が明治末期に製造販売したのが始まり。築120年以上の店内は雰囲気がいい。

☎078-904-0106 ⚑北区有馬町809 ⏰9:00〜17:00 ⚑無休 神戸電鉄・有馬温泉駅から徒歩8分 Ｐなし

↑軽い口当たり、ほのかな甘みと風味が後を引く

↑添加物などは一切使わず、ていねいに手焼きされる

名湯の醍醐味は旅館の中にあり

極上のくつろぎ
有馬の温泉宿

有馬は、くつろぎと安らぎを求めて多くの人が訪れる。
"関西の奥座敷" 本当の魅力は宿に泊まってこそ味わえる

金泉・銀泉を、大浴場や貸切家族風呂のさまざまな湯船で楽しめる

竹取亭円山

たけとりていまるやま

MAP 付録 P.19 E-2

異なる2つの温泉を
貸切家族風呂で堪能できる

有馬温泉の旅館約30軒のなかで最も高台にあり、趣ある雰囲気で人気の老舗宿。金泉・銀泉を貸切家族風呂で堪能できる。なかでも山に面してそれぞれ趣が異なる4つの貸切露天風呂は、森林浴もできると家族やカップルに好評だ。海の幸、山の幸を使用した会席料理も豪華。

☎078-904-0631
所北区有馬町1364-1 交神戸電鉄・有馬温泉駅から徒歩15分 Pあり
in 15:00 out 11:00 室30室
予算1泊2食付5万3350円〜

↑プレジデンシャルスイート #211は専用銀泉内風呂付きのスイート客室

↑風格あるたたずまい。有馬温泉の旅館のなかでも最も高台にある

↑食事は専用食事処で。四季の旬を生かした創作会席料理が美しい

欽山
きんざん
MAP 付録P.18A-1

**2022年11月リニューアル
「銀泉半露天特別室」**

有馬の山々に囲まれた四季折々の懐石料理が堪能できる料亭旅館。リニューアルした東館12室は、客室内全域の換気や銀泉半露天風呂、ゆとりあるリビング、寝室、和室を備えた三間構成の贅を極めた特別室となっており、新感覚の上質な滞在ができる。

☎078-904-0701 ㊟北区有馬町1302-4 ㊫神戸電鉄・有馬温泉駅から徒歩3分 Ｐあり in15:00 out12:00 客31室 予約1泊2食付平日5万2950円〜、休前日5万8450円〜

⬆2020年、感染症拡大防止対策に対応した完全個室料亭「花海棠」がオープン

⬆赤褐色の金泉が楽しめる風情ある露天風呂

⬆伝統の技が生きる京風創作懐石はできたてを1品ずつ提供

⬆2022年リニューアルした東館、銀泉半露天特別室

⬆和の伝統を感じる本格和室

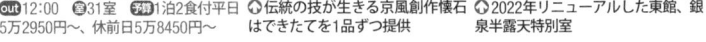

陶泉 御所坊
とうせん ごしょぼう
MAP 付録P.18C-2

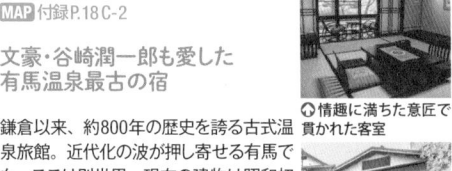
⬆情趣に満ちた意匠で貫かれた客室

**文豪・谷崎潤一郎も愛した
有馬温泉最古の宿**

鎌倉以来、約800年の歴史を誇る古式温泉旅館。近代化の波が押し寄せる有馬でも、ここは別世界。現在の建物は昭和初期の木造3階・4階建てで、谷崎潤一郎、吉川英治が愛した頃を偲ばせる。浴場は、源泉を加熱・加水することなく、そのまま浴槽に注ぐかけ流し。

☎078-904-0551 ㊟北区有馬町858 ㊫神戸電鉄・有馬温泉駅から徒歩5分 Ｐあり in15:00 out10:00 客16室 予約1泊2食付2万7600円〜

⬆昭和初期の趣ある木造建築の中は別世界

⬇半混浴・半露天、かけ流しの大浴場に、赤茶色の湯があふれる

⬆趣の異なる3つの大浴場で名湯「金泉」に入浴できる

兵衛向陽閣
ひょうえこうようかく
MAP 付録P.18C-1

⬆居心地のよい和室のお部屋

**秀吉が命名した老舗旅館で
有馬随一の浴場を楽しむ**

創業約700年の歴史と伝統が息づく宿。有馬温泉を愛した太閤秀吉に「兵衛」の名を頂戴したと伝えられる。眺望が素晴らしい純和風の「一の湯」、ローマ風の「二の湯」、山あいの湯治場のような「三の湯」と、有馬最大級の3つの大浴場がある。

⬆温泉街の高台にあり、六甲の山並みや温泉街を一望できる

☎078-904-0501 ㊟北区有馬町1904 ㊫神戸電鉄・有馬温泉駅から徒歩6分 Ｐあり in14:30 out11:00 客126室 予約1泊2食付(夕食・バイキング)平日2万3140円〜、土曜・休前日3万2490円〜、1泊2食付(夕食・会席料理)平日3万950円〜、土曜・休前日3万8650円〜

おでかけスポット ひと足延ばして神戸の隠れた魅力を探す

もっと神戸を知る

賑やかな神戸中心部から少し離れて、歴史ある庭園や動物とのふれあい、博物館や酒蔵での体験など、奥深い神戸のスポットを訪れたい。

相楽園 庭園
そうらくえん
県庁前 MAP 付録P.4 C-2

日本庭園に貴重な建築が残る

市内では珍しい日本庭園。4～5月のツツジや紅葉の頃は特に美しい。敷地内には旧小寺家厩舎や旧ハッサム住宅など、明治期の貴重な建築も保存されている。

☎078-351-5155 ㊟中央区中山手通5-3-1 ㊙9:00～17:00(入園は～16:30) ㊡木曜、つつじ遊山期間(4月下旬～5月初旬)は無休 ㊅300円 ㊋JR元町駅から徒歩10分 ㋊なし

⬆庭園は大きな池を中心に石橋や飛石を渡りながら散策する形式

神戸どうぶつ王国 動物園
こうべどうぶつおうこく
ポートアイランド MAP 付録P.3 E-4

珍しい動物たちが待っている

花と動物と人とのふれあい共生パーク。カピバラやアルパカなど、人気の動物たちとのふれあいや、迫力感動のフリーフライトバードパフォーマンスが人気。

☎078-302-8899 ㊟中央区港島南町7-1-9 ㊙10:00～17:00(入園は～16:30) ㊡木曜(繁忙期は開園) ㊅2200円 ㊋ポートライナー・計算科学センター(神戸どうぶつ王国・「富岳」前)駅からすぐ ㋊あり

⬆オウムやインコの華麗なフリーフライトに魅了される

兵庫県立美術館 美術館
ひょうごけんりつびじゅつかん
岩屋 MAP 付録P.3 E-1

近現代の美術品が中心

洋画家・小磯良平や金山平三など、兵庫県ゆかりの作家作品をはじめ、国内外の美術品約1万点以上を所蔵。話題性のある企画展も多く開催。

☎078-262-1011 ㊟中央区脇浜海岸通1-1-1 ㊙10:00～18:00(入場は～17:30) ㊡月曜(祝日の場合は翌日) ㊅500円(特別展は別途) ㊋阪神・岩屋駅から徒歩8分 ㋊あり

⬆建物の設計は安藤忠雄氏による。凛とした外観もみどころのひとつ

UCCコーヒー博物館 博物館
ユーシーシーコーヒーはくぶつかん
ポートアイランド MAP 付録P.3 E-3

コーヒーの楽しみ方がわかる

日本で唯一のコーヒー博物館。コーヒーの歴史や文化、おいしいコーヒーの淹れ方まで紹介する。事前予約のセミナー受講時のみ見学することができる。

☎078-302-8880 ㊟中央区港島中町6-6-2 ㊙㊡各セミナーに準ずる(詳細は公式サイトを要確認) ㊋ポートライナー・南公園駅からすぐ ㋊なし

⬆イスラム教の寺院をイメージした外観。歴史と風格を兼ね備えた建物

菊正宗酒造記念館 記念館
きくまさむねしゅぞうきねんかん
東灘区 MAP 本書P.3 D-3

「酒造りの原点を知る」がテーマ

昔の酒造の用具や工程を、展示を見ながら勉強することができる記念館。酒造りの情熱や伝統、日本酒の新しい楽しみ方まで、菊正宗の原点が見える。

☎078-854-1029 ㊟東灘区魚崎西町1-9-1 ㊙9:30～16:30(入館は～16:00) ㊡無休 ㊅無料 ㊋六甲ライナー・南魚崎駅から徒歩2分 ㋊9台

⬆国の重要有形民俗文化財「灘の酒造用具」や、所蔵する小道具が多数保管されている

白鶴酒造資料館 資料館
はくつるしゅぞうしりょうかん
東灘区 MAP 本書P.2 C-3

歴史ある日本酒の造り方を見学

白鶴酒造本社に隣接する、酒造りの歴史を知る資料館。大正初期に建造、昭和44年(1969)3月まで本店1号蔵として稼働していた酒蔵が見学できる。

☎078-822-8907 ㊟東灘区住吉南4-5-5 ㊙9:30～16:30(入館は～16:00) ㊡無休 ㊅無料 ㊋阪神・住吉駅から徒歩5分 ㋊あり

⬆古い酒蔵を、そのまま酒造資料館として公開している

郊外

アクセスと市内交通

歩いて、
乗って、
神戸を巡る

❖

山と海に囲まれた、JR三ノ宮駅を中心に
街が広がる神戸。魅力的なエリアが
集まり、どこへ行くにも近くて便利。
徒歩での散策に加えて、市内を走る
シティーループバスも活用を。

神戸へのアクセス

東海道・山陽線近くからは新幹線が軸。九州新幹線も直通がある。在来線の場合、中心部は神戸駅ではなく三ノ宮駅周辺なので注意。空路は、神戸空港は就航路線が少なく、伊丹空港が入口となることも多い。

※所要時間は利用する便、電車により多少異なる　※飛行機は2023年10月の料金、鉄道は通常期に指定席を利用した場合の料金です　※航空会社は ANA ＝全日空、JAL ＝日本航空、ADO ＝ エア・ドゥ、IBX ＝アイベックス・エアラインズ、SKY ＝ スカイマーク、SNA ＝ソラシド・エア

自動車で行くなら

東からは名神高速道路・西宮IC で阪神高速神戸線へ、京橋出入口が中心部の最寄り。そのほかからは六甲道路や第二神明道路を経由してアクセスする。

問い合わせ先

日本航空	☎0570-025-071
ANA（全日空）	☎0570-029-222
エア・ドゥ	☎011-707-1122（札幌）
アイベックス・エアラインズ	☎0570-057-489
スカイマーク	☎0570-039-283
ソラシド・エア	☎0570-037-283
JR東日本	☎050-2016-1600
JR西日本	☎0570-00-2486
JR東海	☎050-3772-3910
JRバス関東	☎0570-048905
JR東海バス	☎0570-048-939
名鉄バス	☎052-582-2901
神戸市交通局	☎078-321-0484
阪急電鉄	☎0570-089-500
	☎06-6133-3473（携帯電話）
阪神電鉄	☎06-6457-2258
駅レンタカー	WEB問い合わせのみ

アクセスと市内交通

中心部・三宮の街まで

交通の拠点から三宮へ

新神戸駅からは地下鉄、神戸空港からはポートライナーですぐに中心部の三宮へアクセスできる。
伊丹・関西各空港からは、時間が読みやすい鉄道か、乗り換えなしで楽なバスか、という選択肢となる。

● 神戸近郊からのアクセス

大阪方面からは、JR、阪神、阪急の3線が並行して走る。
運賃、所要時間ともそれほど変わらず、神戸・三宮の駅も
近いので、乗り換えの都合で選ぼう。

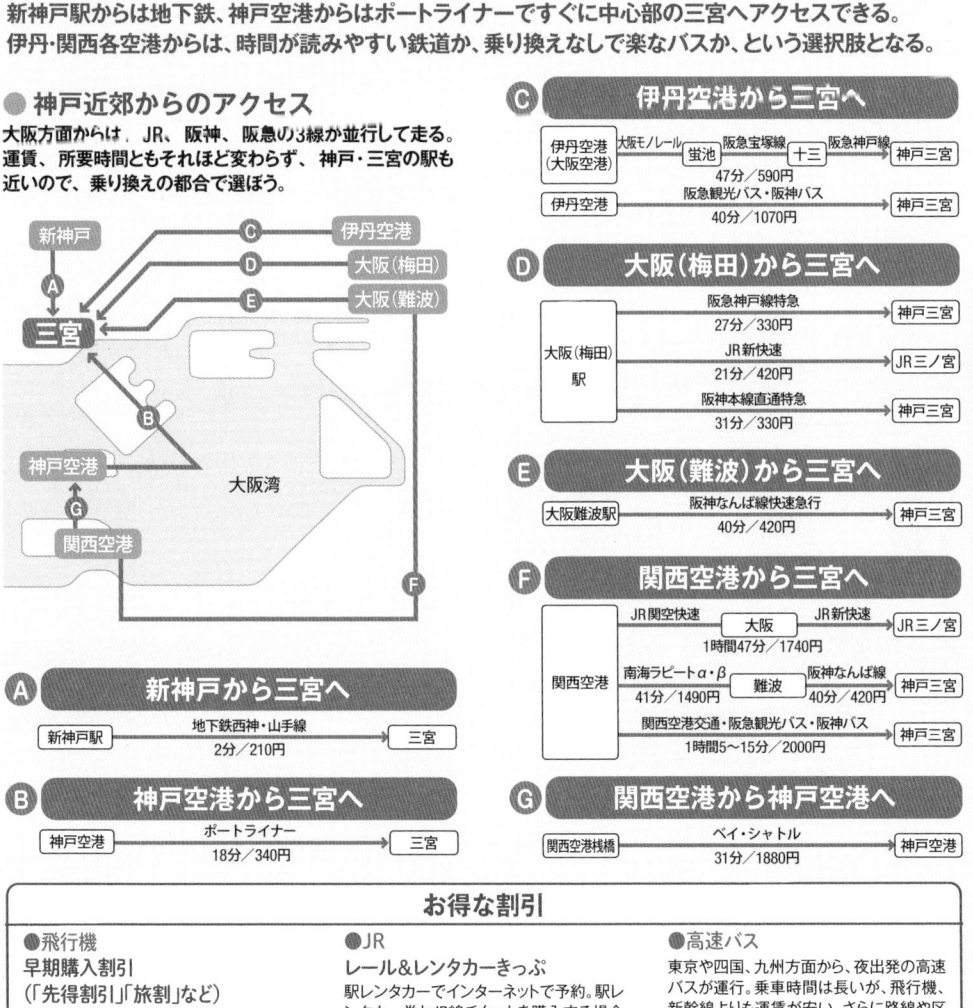

C 伊丹空港から三宮へ

| 伊丹空港 (大阪空港) | 大阪モノレール 蛍池 | 阪急宝塚線 十三 | 阪急神戸線 | 神戸三宮 |
| | 47分／590円 | | | |

| 伊丹空港 | 阪急観光バス・阪神バス 40分／1070円 | 神戸三宮 |

D 大阪(梅田)から三宮へ

大阪(梅田)駅	阪急神戸線特急 27分／330円	神戸三宮
	JR新快速 21分／420円	JR三ノ宮
	阪神本線直通特急 31分／330円	神戸三宮

E 大阪(難波)から三宮へ

| 大阪難波駅 | 阪神なんば線快速急行 40分／420円 | 神戸三宮 |

F 関西空港から三宮へ

関西空港	JR関空快速 大阪 JR新快速 1時間47分／1740円	JR三ノ宮
	南海ラピートα・β 難波 阪神なんば線 41分／1490円 40分／420円	神戸三宮
	関西空港交通・阪急観光バス・阪神バス 1時間5〜15分／2000円	神戸三宮

A 新神戸から三宮へ

| 新神戸駅 | 地下鉄西神・山手線 2分／210円 | 三宮 |

B 神戸空港から三宮へ

| 神戸空港 | ポートライナー 18分／340円 | 三宮 |

G 関西空港から神戸空港へ

| 関西空港桟橋 | ベイ・シャトル 31分／1880円 | 神戸空港 |

お得な割引

●飛行機
早期購入割引
(「先得割引」「旅割」など)
早期購入割引を利用すれば、時期にもよる
が、新幹線よりも安く手配できることもあ
る。キャンセルは搭乗日の一定日前から手
数料が高くなるので注意。

●JR
レール＆レンタカーきっぷ
駅レンタカーでインターネットで予約。駅レ
ンタカー券とJR線チケットを購入する場合
の割引きっぷ。(片道201km以上、出発駅か
ら駅レンタカーの営業所のある駅まで101
km以上が条件)
往復割引
往復乗車券を購入した場合、片道の距離が
601km以上であれば、ゆき、かえりの運賃が
それぞれ1割引になる。早期購入の必要は
なく、出発当日の購入でも適用。

●高速バス
東京や四国、九州方面から、夜出発の高速
バスが運行。乗車時間は長いが、飛行機、
新幹線よりも運賃が安い。さらに路線や区
間によって異なるがインターネットや早期予
約で、お得な割引がある。

●旅行会社のフリープラン
現地で自由に行動ができ、往復の交通と宿
泊場所がセットになったプラン。個人で手配
をするよりも格安に旅費を抑えることがで
きるので、旅行会社やインターネットの情報
をチェックしてみよう。

※情報は2023年10月のものです。飛行機は通常期の正規料金、鉄道は通常期に指定席を利用した場合の料金です。

神戸へのアクセス／交通の拠点から三宮へ

153

神戸中心部の交通

JR、私鉄、市営地下鉄と複数の路線があり一見わかりにくいが、中心部はほとんど徒歩で足りる。
観光地を巡る循環バス、シティーループバスや地下鉄を補助的に利用して、効率の良い移動を。

シティーループバス

神戸都心部の観光地を巡るレトロ調の循環バス

　北野異人館、旧居留地、南京町、メリケンパークなどの観光地17カ所を巡る循環バス。約1時間で街を一周する。一方向のみの運行だが、鉄道や地下鉄の駅よりもダイレクトに観光地に近づけるので、利便性が高い。日中の運行間隔は1時間に4〜5本。乗り降り自由の1日乗車券は、沿線の30以上の観光施設で入場料、入館料が割引になる。1日乗車券はシティーループバス車内、神戸市総合インフォメーションセンター（三宮）、新神戸駅観光案内所などで販売している。

運行時間 9:00頃〜20:00頃　料金 1回260円、1日乗車券700円
神姫バス神戸三宮バスターミナル ☎078-231-5561（9:00〜18:00）

鉄道／新交通システム

三宮は神戸最大のターミナル駅

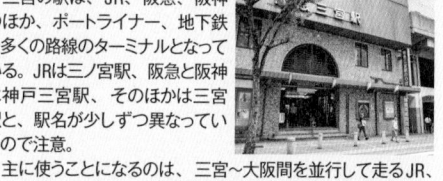

　三宮の駅は、JR、阪急、阪神のほか、ポートライナー、地下鉄と多くの路線のターミナルとなっている。JRは三ノ宮駅、阪急と阪神は神戸三宮駅、そのほかは三宮駅と、駅名が少しずつ異なっているので注意。

　主に使うことになるのは、三宮〜大阪間を並行して走るJR、阪神、阪急の3線。中心部の移動には、三宮〜神戸間のみの利用で足りる。なお、阪急の神戸三宮駅と阪神の元町駅から西は、さらに西のほうを走る神戸高速鉄道の管轄となっているが、阪急、阪神とも新開地駅や高速神戸駅まで直通運転をしているので、あまり意識する必要はない。三宮を離れると線がやや離れていくので、西宮や芦屋など阪神間の街へ向かう際は、目的地の最寄り駅に向かう路線を選ぼう。

　ポートライナーは神戸空港、ポートアイランドと三宮を結んでいる。有馬温泉に行くならば、神戸電鉄や地下鉄北神線を利用する機会もあるだろう。ほかに三宮には姫路方面へ向かう山陽電鉄も乗り入れている。

JR西日本（お客様センター）☎0570-00-2486
阪急電鉄（交通ご案内センター）☎0570-089-500
阪神電鉄 ☎06-6457-2258
阪神電車（新開地駅）☎078-575-5061
ポートライナー（神戸新交通）☎078-251-2115
神戸電鉄総合案内所 ☎078-592-4611
山陽電鉄（山陽電車ご案内センター）☎078-913-2880

お得なチケットの活用

市バス・地下鉄共通1日乗車券

神戸市全域の市バス、地下鉄が1日乗り放題。
料金 1040円　販売場所 地下鉄各駅窓口（谷上駅を除く）ほか

神戸街めぐり1dayクーポン

神戸市街地エリアの電車（JRを除く）が1日乗り放題。800円分の施設利用券や、シティーループ・ポートループで使える1日乗車券の割引券も付いたお得なセット券。
料金 神戸エリア版1000円　販売場所 JRを除く神戸エリアの主要駅

市バス・地下鉄お客様サービスコーナー（9:00〜19:00）
☎078-321-0484

地下鉄

新幹線駅と三宮を結ぶ

　地下鉄は神戸市内を東西に結ぶ3路線があり、山側を西神・山手線と北神線が、海側を海岸線が走っている。三宮周辺に限れば、ほとんど並行してJRと阪急、阪神が走っているので、中心部の観光で必要となる機会は少ない。西神・山手線は新幹線の新神戸駅と三宮間の移動に利用できる。
市営地下鉄（神戸市交通局）☎078-321-0484

タクシー

行きたい場所のリクエストもできる

　会社や車種により異なるが、初乗りは普通車700円が主流。渋滞などがなければ、JR三ノ宮駅から初乗り＋ワンメーター程度主だった観光地には行けるため、3〜4人での旅行ならば安くつくこともある。シティーループバスが動いていない夜間の移動手段としても重宝する。

　観光タクシーを利用するのも便利。豊富なコースプランが用意されていて、事前に伝えればオリジナルのコースを組むこともできる。フリーコースは普通車で1時間6600円〜。

神戸観光タクシー［ポートグループ］総合案内 ☎078-652-2233

神戸の主要観光スポットコース

花時計、旧居留地、北野異人館、メリケンパークなど、主要観光地を駆け足で巡る。
所要時間 2時間　料金 普通車1万3200円

みなと異人館コース

神戸観光の定番コース。ベイエリアのメリケンパークから北野、異人館エリアまで内容が充実。
所要時間 3時間30分　料金 普通車2万3100円

六甲山の夜景ノーマルコース

1000万ドルの夜景で知られる神戸の夜景を六甲山から海側のパノラマを見下ろすことができる。
所要時間 2時間　料金 普通車1万3200円

バス

シティーループバスで見どころを押さえて

　路線バスは、料金は均一で210円。複数の路線があり旅行者には把握が難しいわりに中心部ではそれほど有効ではなく、六甲山や有馬温泉など郊外への移動に活用したい。

　シティーループバス（P.14）は、観光地を巡る循環バス。北野異人館の観光やベイエリアなど、海と山を行き来するのに便利。一方向のみの循環なので、乗車の際は行き先に注意しながら移動したい。

神戸交通振興株式会社 info@kobecityloop.jp

レンタサイクル

坂のある街を楽に移動する

　コミュニティサイクル「こうべリンクル」が便利だ。ハーバーランドや北野工房のまちなど、神戸中心部の19カ所にあるサイクルポートで貸し出し、返却が可能。渋滞のストレスがなく、電動自転車なので坂の多い神戸でも問題ない。気ままに観光地をまわれる。事前登録が必要。

こうべリンクル ☎0120-040-587

利用時間 24時間。1日利用時は利用開始時から24時まで　料金 1回利用は最初の1時間165円、その後30分ごとに110円（1日最大2200円）、1日利用は1650円

レンタカー

まとまった人数で気ままに観光

　中心部では必要ないが、六甲山や有馬温泉へ行くならば、自由に移動できるので有効。料金を安く抑えるために、事前予約での割引や、JRとレンタカーのセット（P.153）や航空券と併せたプランを利用したい。

駅レンタカー　予約・問い合わせはWEBのみ
トヨタレンタカー ☎0800-7000-111
ニッポンレンタカー ☎0800-500-0919

ケーブルカー／ロープウェイ

四季によって変わる山景色が美しい

　六甲山、摩耶山、有馬など、山中へのアクセスに利用する。特に紅葉の季節は車窓の景色も素晴らしく、単なる移動手段ではなく、観光の一要素としても楽しめる。

神戸布引ハーブ園／ロープウェイ ☎078-271-1160
六甲ケーブル ☎078-861-5288
六甲有馬ロープウェー ☎078-891-0031
まやビューライン ☎078-861-2998

阪神鉄道路線図

アクセスと市内交通

路線名（凡例）

- 新幹線
- JR線
- JR大阪環状線
- 神戸市営地下鉄
  - 西神・山手線、北神線
  - 海岸線
- 阪急電鉄
- 阪神電鉄
- 山陽電鉄
- 神戸電鉄
- その他私鉄線
- ------ 航路
- 乗換・接続駅

※1…2024年3月23日、北大阪急行線は箕面萱野駅まで開通
※2…南海高師浜線は工事のため、2024年春まで代行バスで運行

主な駅名

谷川 / 加古川線 / 西脇市 / 滝 / 滝野 / 青野ケ原 / 社町 / 河合西 / 北条線 / 北条町 / 播磨横田 / 長 / 播磨下里 / 法華口 / 田原 / 網引 / 粟生 / 小野町 / 市場 / 厄神 / 神野 / 日岡 / 加古川線

神鉄粟生線 / 葉多 / 小野 / 市場 / 樫山 / 大村 / 三木 / 三木上の丸 / 恵比須 / 志染 / 広野ゴルフ場前 / 緑が丘 / 押部谷 / 栄 / 木幡 / 木津 / 西鈴蘭台 / 鈴蘭台西口 / 藍那 / 鈴蘭台 / 北鈴蘭台 / 山の街 / 箕谷

神鉄公園都市線 / フラワータウン / 南ウッディタウン / ウッディタウン中央 / 横山 / 神鉄道場 / 道場南口 / 二郎 / 田尾寺 / 岡場 / 五社 / 有馬口 / 有馬温泉 / 神鉄三田線 / 唐櫃台 / 神鉄六甲 / 大池 / 花山 / 谷上 / 神鉄有馬線

星の駅 / 摩耶ロープウェイ / 虹の駅 / 摩耶ケーブル / 摩耶ケーブル / 神戸布引ロープウェイ / ハーブ園山頂 / 風の丘中間 / ハーブ園山麓

西神中央 / 西神南 / 伊川谷 / 学園都市 / 総合運動公園 / 地下鉄西神・山手線 / 名谷 / 妙法寺 / 上沢 / 湊川 / 長田 / 丸山 / 鵯越 / 新神戸 / 県庁前 / 大倉山 / 六甲 / 王子公園 / 春日野道 / 灘 / 摩耶 / 六甲道 / 大石 / 新在家 / 石屋川

山陽新幹線 / 板宿 / 東須磨 / 月見山 / 須磨寺 / 西代 / 高速長田 / 新長田 / 兵庫 / 神戸 / 元町 / 三宮・花時計前 / 三ノ宮 / 神戸三宮 / 花隈 / 高速神戸 / 西元町 / 大開 / 湊川公園

姫路 / 西明石 / 明石 / 西新町 / 林崎松江海岸 / 藤江 / 朝霧 / 人丸前 / 大蔵谷 / 西舞子 / 舞子公園 / 霞ケ丘 / 山陽垂水 / 垂水 / 滝の茶屋 / 東垂水 / 山陽塩屋 / 塩屋 / 須磨浦公園 / 山陽須磨 / 須磨 / 鷹取 / 駒ケ林 / 苅藻 / 御崎公園 / 和田岬 / 中央市場前 / みなと元町 / 旧居留地・大丸前

須磨浦観光リフト / 鉢伏山上 / 旗振山上 / 須磨浦ロープウェイ / 山陽電鉄本線 / はりま / せっつ / 山陽須磨 / 山陽塩屋公園 / 山陽本線(JR神戸線) / 山陽電鉄本線 / 明石海峡大橋

地下鉄海岸線 / 和田岬線 / ハーバーランド / みなと元町 / 貿易センター / ポートターミナル / 中公園 / みなとじま / 市民広場 / 医療センター / 計算科学センター / 神戸空港 / 神戸新交通ポートライナー / 北埠頭 / 中埠頭 / 南公園 / ベイ・シャトル

新神戸 / 神戸三宮

淡路島

関西国際空港 / 関西空港 / 南海空港線 / りんくうタウン / 泉佐野 / 井原里 / 泉大津 / 和泉府中 / 日根野 / 熊取 / 東佐野

多奈川 / 深日港 / 深日町 / 南海多奈川線 / みさき公園 / 淡輪 / 箱作 / 鳥取ノ荘 / 尾崎 / 樽井 / 岡田浦 / 吉見ノ里 / 羽倉崎 / 南海本線 / 孝子 / 和歌山大学前 / 紀ノ川 / 和歌山市 / 加太 / 磯ノ浦 / 二里ケ浜 / 西ノ庄 / 八幡前 / 中松江 / 東松江 / 南海加太線 / 六十谷 / 紀伊 / 和歌山 / 和歌山線 / 和歌山港 / 南海和歌山港線 / 橋本 / 新宮